AF332620

NOUVEAU RECUEIL

DE

VOYAGES.

TOME SIXIÈME.

VOYAGE

EN POLOGNE, RUSSIE, SUÈDE, DANNEMARC, &c.

Par M^r. WILL^m. COXE,

Membre du Collége Royal à l'Université de Cambridge, de la Société Royale de Londres, de la Société Impériale Economique de St. Pétersbourg, & de l'Académie Royale des Sciences à Copenhague.

Traduit de l'anglais, enrichi de notes & des éclaircissemens nécessaires, & augmenté d'un Voyage en Norvege.

Par M^r. P. H. MALLET,

Ci-devant Professeur Royal à Copenhague, Professeur de l'Académie de Genève, Membre de celles d'Upsal & de Lyon, Correspondant de l'Académie Royale des Inscriptions & Belles-Lettres de Paris, &c. &c.

Ouvrage orné de Cartes géographiques, Portraits, Plans & Figures en taille-douce.

TOME QUATRIÈME.

A GENÈVE,

Chez Barde, Manget & Comp. Imprimeurs-Libraires.
Et à Paris, chez Buisson, Libraire, rue des Poitevins.

MDCCLXXXVI.

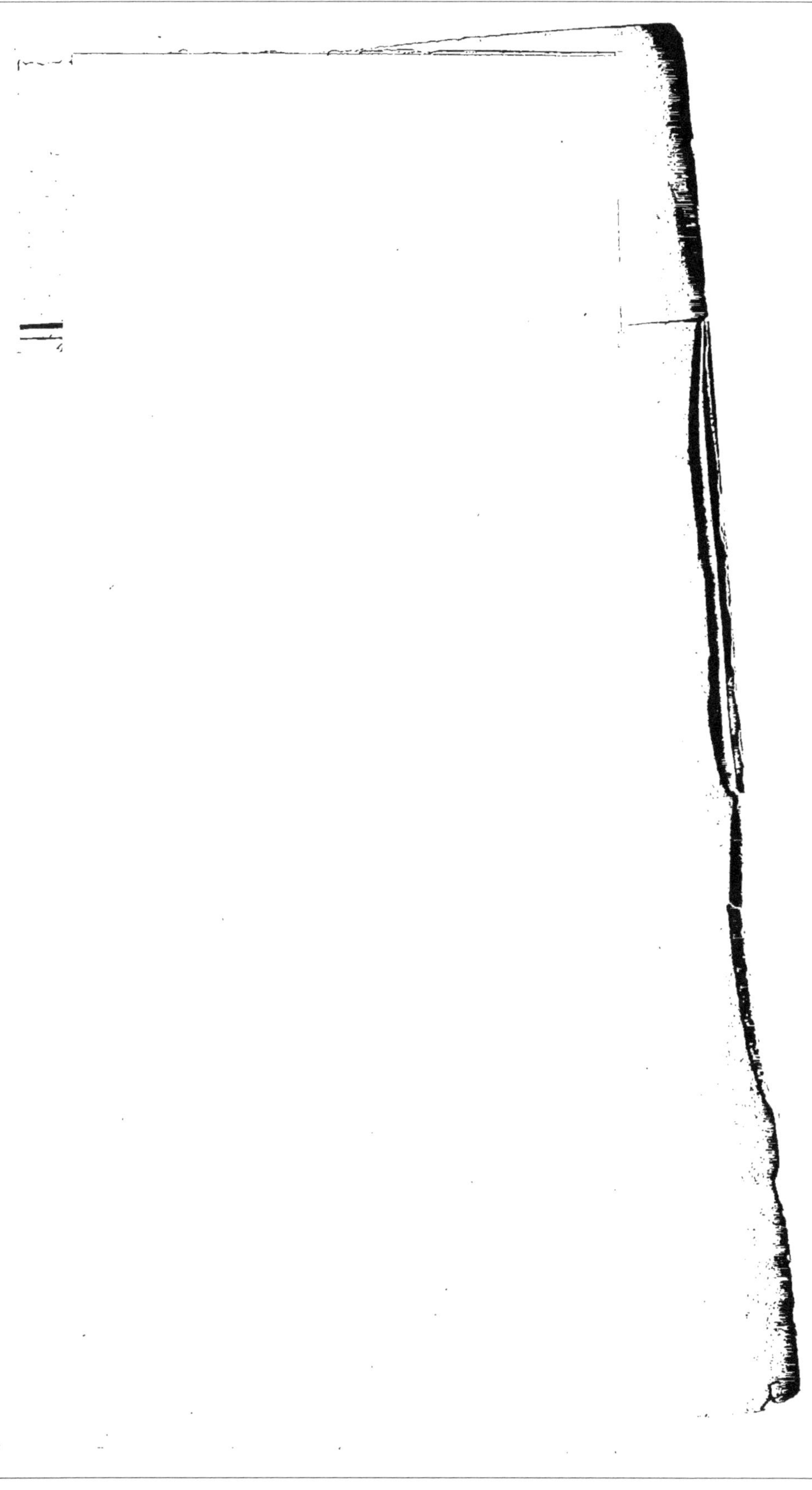

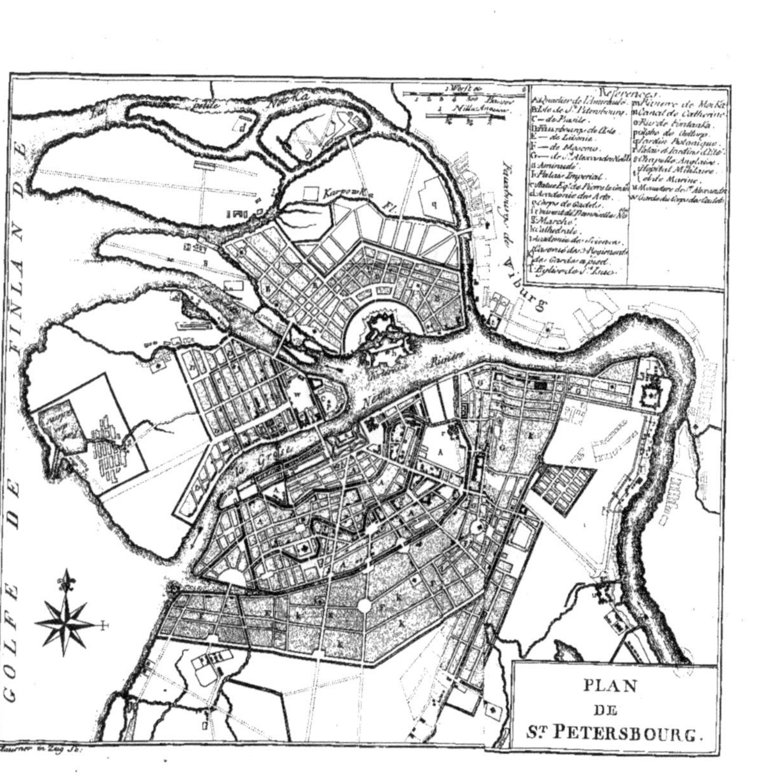

GOLFE DE FINLANDE
Neva
Karpowka Fl.
PLAN
DE
St PETERSBOURG.
References.

VOYAGE

EN

DANNEMARC.

LIVRE HUITIÈME.

CHAP. I.

Passage du Sund — Entrée en Dannemarc — Elseneur — Douane du Sund — Château & palais de Cronembourg — Anecdote sur la reine Mathilde — Jardin de Hamlet — Copenhague — Présentation à la cour — Isle d'Amac.

LE 22e. Mars. Nous nous embarquâmes à Helsingbourg pour passer en Dannemarc, & nous traversâmes le détroit du Sund qui sépare la Suède de ce royaume. Le vent étoit frais & directement contraire, mais en louvoyant nous gagnâmes Elseneur dans une heure & demie. La

Tome IV.   A

diſtance en ligne droite entre les deux points les plus avancés des deux côtes eſt d'environ trois milles. A moitié chemin nous jouîmes de la belle vue qu'offrent les deux côtes, & celle des villes de Helſingbourg & d'Elſeneur. La première qui eſt en Suède eſt ornée d'une ancienne tour ; la ſeconde préſente le palais de Cronembourg, objet moins pittoreſque mais beaucoup plus beau. Les côtes de la Suède au nord de Helſingbourg ſont bordées de rochers eſcarpés qui s'abaiſſent vers le ſud ; celles de l'isle de Sélande ou de Dannemarc ſont des collines ſablonneuſes.

Elſeneur eſt une ville bien bâtie, & qui a une bien plus belle apparence que celles auxquelles nous étions accoutumés depuis quelque temps. Les maiſons ſont bâties de briques & reſſemblent à celles de Hollande.

Ce n'étoit qu'un petit village de 'pêcheurs juſqu'en 1445, que le roi Eric de Poméranie lui donna les priviléges de ville, accorda des immunités à ceux qui voudroient s'y établir, & bâtit un château pour ſa défenſe (*). Dès-

----

(*) M. Coxe cite pour garant de ces faits *Meſſenius* qui eſt un hiſtorien ſuédois, mais les hiſtoriens danois mieux inſtruits de ce qui regarde leur pays ne permet-

lors elle s'eft toujours accrue & enrichie; & c'eft aujourd'hui après Copenhague la ville la plus commerçante de Dannemarc (*). On y compte environ cinq mille habitans, parmi lefquels il y a plufieurs marchands étrangers, & les confuls des principales nations qui navigent dans la mer Baltique. Le paffage du Sund eft défendu par la fortereffe de Cronembourg qui eft bâtie à l'extrémité de la langue de terre la plus avancée dans la mer. C'eft un château trèsbien fortifié du coté de terre par des foffés, des baftions & d'autres ouvrages réguliers, & défendu du côté de la mer par plufieurs batteries où l'on

tent pas de douter que Meffenius ne fe trompe. Elfeneur eft une des plus anciennes villes de Dannemarc. Avant le règne d'Eric le commerce qu'elle faifoit avoit déjà excité la jaloufie des villes anféatiques qui s'arrogeoient le commerce exclufif de la mer Baltique , & elles envoyèrent en 1311 & 1322 des flottes pour piller & brûler cette ville. Eric protégea feulement & encouragea fon commerce par de nouveaux priviléges. (*Note du Traducteur.*)

(*) Il faut dire de l'isle de Sélande ; il y a dans les états du roi de Dannemarc des villes de commerce bien plus confidérables , comme Altona, Flensbourg, &c. Au refte Elfeneur y compris la garnifon & les perfonnes qui habitent le château de Cronembourg contient environ 7000 habitans. (*Note du Traduct.*)

compte foixante pièces de canon, dont les plus groffes font de quarante - huit livres de balle. Tout vaiffeau qui paffe le détroit eft obligé de baiffer fes voiles de hune & d'acquiter les droits de la douane d'Elfeneur. C'eft l'opinion générale que cette fortereffe commande le paffage du Sund, & que les vaiffeaux ne peuvent fe difpenfer de paffer fous fes batteries, à caufe des bas-fonds & des courans qui fe trouvent fur la côte oppofée ; mais cette opinion n'eft pas fondée. Il eft vrai qu'il eft plus fûr pour les vaiffeaux de paffer près de la fortereffe, à caufe des courans nombreux & contraires qui font dans ce détroit; mais il a affez de profondeur partout pour que les vaiffeaux puiffent paffer loin des batteries, & que même les plus grands puiffent ranger de près la côte de Suède. Ainfi l'affujettiffement au péage du Sund eft bien moins dû à la crainte qu'on a de cette fortereffe, qu'à une reconnoiffance de ce droit établi par une loi générale. On a difputé fouvent fur les fondemens de ce droit de la couronne de Dannemarc. Les rois de Suède en particulier reclamant un pareil titre (depuis qu'ils ont acquis la rive oppofée en acquérant la Scanie) en ont été exempts pendant quelque temps; mais en 1720 Fréderic I confentit à ce que tous les vaifseaux suédois fussent assujettis à l'avenir à ce péage, comme ceux des autres nations.

Tous les vaisseaux sont donc obligés de payer, outre un léger impôt, le 1 ¼ pour cent de leur cargaison, excepté les Anglois, les François, les Hollandois & les Suédois qui ne payent qu'un pour cent. De son côté le gouvernement danois se charge de la construction & de l'entretien des fanaux & des signaux nécessaires pour marquer les rochers & les bas-fonds, depuis l'extrémité du Categade (*) à l'entrée de la mer Baltique. La douane du Sund & celle des deux Belt, forme un revenu annuel de plus de 100,000 livres sterlings.

Le château de Cronembourg qui est dans la forteresse est un grand édifice quarré, dans le goût gothique, bâti de belles pierres de taille.

———

(*) Le *Categade*, ainsi nommé par les Danois, & par les Allemands *Schagerrack*, en latin *Sinus Codanus*, est un grand golfe de l'Océan germanique formé au couchant par la Jutlande, au sud par les isles Danoises, au levant par les côtes de Suède. Il communique au sud avec la mer Baltique par trois bras ou détroits dont le plus fréquenté est celui du Sund, les deux autres sont le grand & le petit Belt où les vaisseaux payent aussi des droits sur le même pied que dans le Sund. (*Note du Traducteur.*)

 Une infcription placée fur le portail, apprend
qu'il a été commencé par le roi Fréderic II (*),
& réparé & augmenté par fes fucceffeurs. Il ne
contient rien qui mérite une attention particulière, excepté deux bons portraits de Fréderic II
& de fon fils Chrétien IV, & plufieurs tableaux
qui repréfentent les guerres de Chrétien V.

L'infortunée reine Caroline Mathilde paffa
quelque temps dans ce château, où elle occu-
poit l'appartement du gouverneur. Elle avoit
la permiffion de fe promener fur le rempart &
fur la terraffe de la tour, qui eft couverte de
plomb. Ignorant le fort qui l'attendoit & en
proie à toute forte de craintes, elle ne put recevoir qu'avec autant de joie que de furprife,
l'ordre de fa libération que lui avoit obtenu &
que lui apportoit le miniftre d'Angleterre. Elle

(*) Il faut ajouter en 1577, & achevé au bout de
8 ans. Ce grand prince le bâtit tout de fon tréfor particulier quoiqu'il lui coutât de grandes fommes, & il
avoit accoutumé de dire qu'*il ne voudroit pas qu'on y
vît une feule pierre qui eût couté de l'argent à fes
fujets.* Ce château étoit certainement très-magnifique
pour le temps où il fût bâti. La falle dite des *Chevaliers*
peut être encore aujourd'hui admirée. Les ornemens,
les tableaux de l'églife, les vaftes fouterrains de la fortereffe ne font pas non plus indignes de l'attention des
voyageurs (*Note du Traducteur.*)

fondit en larmes, l'embraſſa dans un tranſport
de joie, & le nomma ſon libérateur. Après une
courte converſation, ce miniſtre propoſa à la
reine de paſſer ſur le champ à bord d'un vaiſſeau qui l'attendoit. Mais l'idée d'abandonner la
princeſſe ſa fille, enfant de cinq mois, qu'elle
nourriſſoit elle-même & qui faiſoit toute ſa conſolation, vint mèler à ſa ſatisfaction le ſentiment de la plus cruelle peine. Cet enfant alors
malade avoit plus beſoin que jamais des ſoins
d'une mère ſi tendre. On ne pouvoit obtenir
d'elle qu'elle lui dît un éternel adieu. Enfin,
après mille careſſes interrompues par les expreſſions du plus violent déſeſpoir, elle fut obligée
de s'en ſéparer. Elle reſta ſur le pont auſſi long-
temps que ſa vue put démêler encore le lieu
qui le retenoit, & privée de cette triſte conſolation elle ſe livra dès ce moment à une mélancolie profonde qu'elle eſſayoit en vain de diſſimuler, & qui la conſuma juſqu'au moment où
une fiévre ſcarlatine la conduiſit au tombeau ,
dans le château de Zell où elle avoit fixé ſa
réſidence.

Près d'une maiſon royale qui n'eſt qu'à un
demi mille de Cronembourg, eſt un jardin que
nous eûmes la curioſité d'aller voir, parce qu'on
le nomme le jardin de *Hamlet*, & que, ſuivant

la tradition, c'eft dans ce même lieu que le père de ce prince fut affaffiné. La maifon eft très-moderne, & fituée au pied d'une colline fablonneufe au bord de la mer. Le jardin occupe un des côtés de la colline, & eft compofé de plufieurs terraffes qui s'élèvent l'une au-deffus de l'autre (*). Dans la tragédie de Hamlet de Shakefpear le lieu de la fcène eft à Elfeneur; & ce divin auteur a emprunté les principaux incidens de fa pièce de l'hiftoire, mais d'une hiftoire fi ancienne qu'il n'eft pas aifé d'y démê-ler le vrai d'avec le fabuleux. Saxon le gram-mairien qui vivoit dans le douzième fiècle eft le plus ancien hiftorien de Dannemarc qui faffe mention de Hamlet & de fes aventures. Belle-foreft, auteur françois, a pris de lui ce trait d'hiftoire & l'a embelli à fa manière. Un anglois l'a traduit de Belleforeft & l'a publié fous le titre de *Hiftoire de Hamblet.* Enfin Shakefpear s'eft fervi de cette traduction pour faire de

---

(*) L'auteur veut parler fans doute de *Marienluft*, maifon royale près de Cronembourg. Elle appartenoit à la reine douairière qui l'a donnée au Prince-Royal. C'eft un très-beau lieu, & remarquable furtout par la vue fuperbe dont on y jouit, & qui s'étend fur le Cate-gade, fur le détroit du Sund & les côtes de Sélande & de Suède. (*Note du Traduct.*)

cette aventure le fujet de fa tragédie, mais en
l'altérant encore, & en y ajoutant beaucoup
d'incidens de fon invention (*).

.La diftance d'Elfeneur à Copenhague eft d'environ vingt milles; on fuit quelquefois le bord
de la mer, quelquefois on traverfe de petits
bois de hêtres & de chênes; fouvent on parcourt un pays ouvert parfemé de collines. Le

DANNEMARC.

(*) M. Coxe insère ici la traduction d'un long frag-
ment de Saxon, dans lequel cet auteur raconte l'hiftoire
du prince Hamlet. L'admiration que les Anglois ont
vouée à Shakefpear, & en particulier à la tragédie de
Hamlet peut leur faire trouver de l'intérêt dans cette
hiftoire, ou plutôt dans cette romance bizarre & pleine
de circonftances abfurdes, que Saxon a inférée avec tant
d'autres dans fes annales, & racontée dans fon ftyle
fleuri & ampoulé. Mais ce très-long & très-merveilleux
récit ne pouvant avoir le même mérite pour les Lecteurs
des autres nations, je crois être d'autant plus fondé à
le fupprimer que ceux qui pourroient y avoir regret, le
retrouveront fans en rien perdre dans le premier volume
de l'hiftoire de Dannemarc par Desroches qui eft une
fidelle traduction de tous les contes de Saxon. Je rapporterai cependant ici la réflexion par laquelle Saxon
termine le récit de cette étrange aventure ; elle eft courte
& peut fervir à donner une idée du ftyle de cet hiftorien.
" Telle fut la fin de Hamlet qui, fi la fortune l'avoit traité
„ avec autant d'indulgence que la nature, auroit brillé
„ comme les Dieux, & auroit furpaffé par fes vertus
„ tous les exploits d'Hercule „. (*Note du Trad.*)

sol est mêlé de sable & de bonne terre végétale, bien cultivé & fertile en grains. Les maisons des paysans sont en grand nombre, propres, bâties de briques, & plusieurs sont blanchies. Le chemin étoit excellent, mais il falloit payer cet avantage à plusieurs barrières. Nous avions été exempts de cette taxe en Pologne, en Russie & en Suède. Vers le soir, nous arrivâmes dans la capitale.

Copenhague est située sur un petit promontoire de la côte orientale de l'isle de Sélande. Le sol en est tout uni, bas & un peu marécageux. Elle appartenoit anciennement à l'évêque de Roschild, & ce ne fut qu'en 1443 sous Christophle de Bavière qu'elle devint la résidence des rois. Depuis cette époque cette ville s'est toujours accrue & embellie, & elle est devenue la capitale du Dannemarc.

Le nombre moyen des naissances à Copenhague, pris sur plusieurs années, peut être estimé de 2830 annuellement. Celui des morts de 2955, d'où l'on peut conclure que la totalité des habitans est d'environ 80,000 (1).

---

(1) L'évêque Pontoppidan dans son atlas de Dannemarc, Tom. II, pag. 75, prétend que ce calcul du nombre des naissances à Copenhague rapporté par le

Copenhague eft la ville la mieux bâtie de tout le Nord; car fi on voit à Pétersbourg de plus fuperbes édifices, d'un autre côté on ne trouve point ici de chétives maifons de bois, l'œil n'y eft point choqué par le contrafte de la mifère & de la magnificence, & il y régne plus d'égalité & d'uniformité. La ville eft environnée du côté de terre d'ouvrages réguliers; ce font des baftions, un large foffé plein d'eau, & quelques ouvrages extérieurs. Elle a quatre à cinq milles de tour. Les rues font bien pavées, avec un trottoir de chaque côté; mais le plus fouvent trop étroit pour être d'un ufage commode. La plus grande partie des maifons eft bâtie de briques, un petit nombre l'eft de pierres de taille qu'on apporte d'Allemagne. Les hôtels où demeure la nobleffe font en général fplendides, & bâtis dans le goût de ceux d'Italie. Le palais conftruit fous le règne de Chrétien VI eft un grand & vafte batiment, la façade eft de pierres & les aîles de briques enduites de plâtre. Les

------

géographe Bufching n'eft pas complet, & il prouve qu'il faut y en ajouter 2 à 300, enforte que fuivant cet auteur, il y auroit à Copenhague plus de 90,000 habitans, & moins de différence entre le nombre des naiffances & celui des morts.

appartemens font dignes du maître, & l'extérieur eft plus grand qu'élégant.

Le mouvement qu'on obferve à Copenhague annonce une ville commerçante. Le port eft toujours rempli de vaiffeaux marchands. Les rues font coupées par plufieurs larges canaux, au moyen defquels on peut décharger les marchandifes devant les magafins qui bordent les quais. Cette ville doit principalement fa beauté au terrible incendie qui y confuma en 1728 cinq églifes & foixante-fept rues qui ont été rebâties dans le goût moderne.

La partie de la ville qui a été bâtie par les ordres du dernier roi, Fréderic V, eft extrêmement belle, & le cède à peine à la ville de Bath. On y voit une place octogone, formée par quatre beaux bâtimens uniformes de pierres de taille, à laquelle aboutiffent quatre grandes rues. Au milieu de cette place eft la ftatue équeftre de Fréderic V en bronze, de grandeur naturelle. Elle a été érigée à ce prince par la compagnie des Indes. C'eft un ouvrage de Saly, célèbre fculpteur françois; elle a couté 80,000 livres fterlings.

Le 25 Mars nous allâmes à la cour avec notre miniftre M. Delaval, & nous eûmes l'honneur d'avoir une audience particulière de S. M. Chrétien VII, de la reine Douairière Juliane-Marie, de fon fils le prince Fréderic & de la princeffe fon époufe Sophie - Fréderique. Nous ne pûmes pas avoir l'honneur de faire notre cour au prince royal qui étoit indifpofé. Pendant notre féjour à Copenhague, il n'y eut que deux affemblées à la cour. On s'y rendoit à fix heures du foir. Un jour il y eut un concert où l'on exécuta le *ftabat mater* de Pergolefe, traduit en danois. Le roi joua enfuite au *loo* avec la reine Douairière, le prince Fréderic, la princeffe Sophie, le comte de Bernsdorff, principal miniftre d'état, & l'envoyé de Pruffe.

Notre féjour à Copenhague ayant été fort court, & en partie pendant la femaine de Pâques, dont les Danois obfervent fcrupuleufement les dévotions, nous n'eûmes pas beaucoup d'occafions de faire l'expérience de l'hofpitalité des feigneurs Danois; mais nous en vîmes affez pour avoir fujet de nous louer de leur difpofition à témoigner aux étrangers toute forte d'attentions & de politeffes. Entr'autres preuves que nous en reçûmes, nous fûmes invités à une affemblée & à un fouper chez le comte de Moltke, qui étoit le favori du roi Fréderic V, & grand maréchal de fa cour. Son hôtel qui eft fur la place octogone dont j'ai parlé, eft un bâtiment magnifique, superbement meublé. Il possède de beaux tableaux, parmi lesquels j'en admirai surtout un de Nicolas Poussin, deux excellens Wanderwerfs, & un Teniers. Sa collection de fossiles, de coquillages, de pétrifications mérite l'attention des naturalistes. Elle est riche surtout en productions des états du roi de Dannemarc; on y voit de beaux morceaux de mines d'or, d'argent, de cuivre de Norvège, & de laves du mont Hécla en Islande.

Entre plusieurs belles collections de raretés qu'on voit à Copenhague, le *Musée royal* ou cabinet de raretés mérite la première place. Il a été commencé par Fréderic III & occupe huit appartemens dans l'ordre suivant: Les animaux, les coquillages, les minéraux, les peintures, les antiquités, les médailles, les habillemens, les ameublemens des Lapons. Le peu de temps que j'eus pour parcourir toutes ces curiosités ne me permit pas d'en prendre des notes détaillées & exactes. Le lecteur en trouvera une description dans l'ouvrage intitulé *Musæum Regium Jacobæi.*

La partie de Copenhague nommée *Christians-haven*, du nom de Chrétien IV qui la fit bâtir en 1618, est dans l'isle d'*Amac* séparée de celle de Sélande par un très-petit bras de mer qu'on

paſſe ſur deux ponts. *Amac* offre quelques ſingu-
larités qui attirent l'attention des étrangers.

Cette isle a quatre milles de longueur ſur deux
de largeur, & elle eſt principalement peuplée
par une colonie de payſans de la Friſe, que le
roi Chrétien II établit dans cette isle (en 1515)
à la prière de la reine Eliſabeth ſon épouſe,
ſœur de Charles-Quint. Cette princeſſe ayant été
élevée dans les Pays-Bas, déſiroit de retrouver
en Dannemarc les alimens auxquels elle étoit
accoutumée, & particulièrement les plantes pota-
gères, le beurre & le fromage qui n'étoient pas
apparemment alors d'une ſi bonne qualité en
Dannemarc que dans ſon pays. Quoique ces
colons ſe ſoient mêlés avec les Danois, ils s'en
diſtinguent encore par un habillement particulier, & ils jouiſſent de divers priviléges précieux.
L'isle contient en tout environ ſix villages, &
trois à quatre mille habitans. Il y a deux égliſes
dont les miniſtres prêchent quelquefois en hollandois & quelquefois en danois. Les habitans
ont leurs propres cours inférieures de juſtice,
mais les cas importans ſont portés devant le
tribunal du roi à Copenhague. Ils font encore
uſage de leur ancien habit national qu'ils appor-
tèrent des Pays-Bas dans cette isle. Il ne reſſem-
ble pas mal à l'habit des anciens quakers, tel

qu'il eſt repréſenté dans les tableaux des pein‑
tres hollandois & flamands. Les hommes por‑
tent des chapeaux à larges bords, une jaquette
noire, des hauts de chauſſes fort amples de même
couleur qui ne ſont point attachés au genou,
mais en haut autour de la veſte. Les femmes
portent des jaquettes noires & un cottillon, &
une pièce de drap de couleur bleue autour de
la tête. Les jardins & les prairies occupent toute
l'isle, & ſuivant la première deſtination de la
colonie elle fournit la capitale de lait, de beurre
& de végétaux (*).

(*) Je crois devoir ajouter quelques remarques à ce
que dit l'auteur ſur l'isle d'Amac. On y compte neuf
villages & 800 familles : un de ces villages nommé
Dragœr peut même être regardé comme une petite ville.
Il fournit des pilotes & d'excellens matelots. Les habi‑
tans ne parlent plus la langue flamande pure, mais un
mélange de flamand, de bas allemand & de danois. Un
de leurs miniſtres prêche dans la langue de la Baſſe-
Allemagne, vulgairement nommé le plat-Allemand,
l'autre en danois. Leurs priviléges ont été ſoigneuſe‑
ment reſpectés, & tout ce petit peuple n'a que des
ſujets de ſe louer de la protection & de la proſpérité
conſtante dont il a joui. Ce que dit *Molesworth* dans
ſes *Mémoires ſur le Dannemarc*, des atteintes portées
à leurs priviléges eſt abſolument contraire à la vérité,
& ne prouve que l'extrème prévention de cet auteur
contre la nation Danoiſe & le gouvernement établi en
1660. (*Note du Traducteur.*)

CHAPITRE

CHAPITRE II.

Ancienne forme du gouvernement établi en Danne-marc — Révolution de 1660 — La monarchie d'élective & limitée qu'elle étoit devient héréditaire & absolue.

ADDITION DU TRADUCTEUR.

" M. Coxe rend dans ce chapitre un compte
" très-étendu & très-détaillé de la révolution qui
" a rendu les rois de Dannemarc héréditaires &
" absolus. L'importance de cet événement, pres-
" qu'unique en son genre, ne peut qu'en faire
" lire une relation circonstanciée avec beaucoup
" d'intérêt, & justifie sans doute l'auteur d'avoir
" pensé qu'elle méritoit d'avoir place dans un
" voyage en Dannemarc. J'ai cru devoir par
" le même motif conserver aussi ce chapitre,
" mais en rendant justice au travail, à l'exacti-
" tude & aux réflexions de l'auteur ; je me suis
" apperçu en traduisant sa relation qu'elle exi-
" geoit des éclaircissemens, des supplémens &
" quelques légères modifications ; & que ces
" notes devenant nombreuses en rendroient la
" lecture pénible & désagréable. Je me suis donc

„ déterminé à refaire entièrement ce chapitre,
„ & à préfenter au lecteur un précis de cette
„ mémorable révolution, extrait de la relation
„ plus étendue qu'on en trouve dans le troi-
„ fième tome de mon hiftoire de Dannemarc.
„ M. Coxe en me faifant fouvent l'honneur de
„ la fuivre & de la citer, femble avoir excufé
„ par-là d'avance la liberté que je prends en
„ fubftituant en partie mon ouvrage au fien,
„ & j'attends la même indulgence du lecteur
„ qui, fans perdre les réflexions de M. Coxe,
„ lira plus volontiers fans doute cette relation
„ dégagée de toutes les notes & de toutes les
„ difcuffions qui fatigueroient fon attention. „

Il feroit difficile de bien comprendre les caufes qui préparèrent la révolution de 1660, &
les effets qu'elle produifit, fans avoir quelque
notion de l'état politique du Dannemarc, dans
ce fiècle & les précédens. Ce royaume étoit
gouverné dans les commencemens par les mêmes
loix, ou pour parler plus exactement, par les
mêmes ufages & les mêmes maximes qui étoient
anciennement adoptés dans toutes les monarchies de l'Europe. Le pouvoir du prince étoit
limité par les droits du clergé & de la nobleffe.
Son droit au trône ne dérivoit point uniquc-
ment de fa naiffance, ni uniquement du choix

du peuple. Le peuple regardoit comme un devoir
de prendre toujours fon roi dans le fein de la
famille régnante, & dans cette famille il préféroit le plus proche héritier mâle du dernier roi.
Mais le prince ne prenoit poffeffion du trône
que de l'aveu de fon peuple, & avec toutes les
marques d'un confentement libre de fa part.

Ces idées, qui bien approfondies fe trouve-
roient peut-être renfermer des contrariétés, fe
concilioient dans les têtes comme tant d'autres
qui font autant ou plus oppofées. On difcutoit
peu, on n'écrivoit point, on fe régloit par l'u-
fage; les pouvoirs du prince & de la nation ref-
toient ainfi indéfinis, quelquefois dans une forte
d'équilibre, plus fouvent inégalement partagés.
L'hiftoire des autres états de l'Europe nous préfente à peu près le même fpectacle pendant les
mêmes fiècles. Cet équilibre fouvent rompu par
les événemens, devoit enfin être entièrement
détruit dans le cours des fiècles ; & fuivant la
nature de ces événemens, fuivant la pofition
ou le génie des peuples, il devoit fe former ou
des monarchies héréditaires qui ne tardent guères à devenir abfolues, ou des monarchies élec-
tives qui vont bientôt fe réfoudre en républiques, ou tomber dans l'anarchie. C'eft en fubf-

DANNEMARC

tance l'hiftoire de tous les gouvernemens modernes de l'Europe. Des états de nature originai-
rement affez femblable, font en quelque forte
partis du même point pour aller fe brifer contre
des écueils fi différens.

En Dannemarc divers événemens affoiblirent
d'affez bonne heure l'autorité du monarque. La
famille régnante s'éteignit plus d'une fois, ou
du moins elle ne fut continuée que par des femmes, & des collatéraux éloignés & étrangers.
On connoît tout l'avantage que ces accidens
peuvent donner à une nation qui fait en ufer.
La nation en Dannemarc n'étoit alors qu'une
nobleffe guerrière, inquiète, encouragée par
l'exemple de fes voifins à fécouer le joug de fes
rois ; car le clergé n'étoit que cette même nobleffe
fous un autre habit, & le peuple n'étoit prefque rien dans l'état. Ainfi nul contre-poids qui
balançât efficacément le crédit de cet ordre tout-
puiffant. Sous Chriftophle II nous voyons déjà
les états refferrer l'autorité royale dans les bornes les plus étroites, par une capitulation
expreffe, la première, à ce que l'on croit, qui
ait été écrite en Dannemarc. Et bientôt cet
exemple eut force de loi ; l'union de *Calmar*
donna lieu à faire un pas de plus. On y pro-
nonça le mot *de droit électif*, qui n'avoit peut-

être jamais été encore employé quoique la chose
fut bien connue. La manière dont on devoit

faire l'élection du chef de la triple monarchie
fut réglée par l'acte de cette fameuse union ; &
quoiqu'il fût statué que le fils ou les fils du
dernier roi ne seroient pas *omis*, mais que *l'un
d'eux seroit élu*, on voit combien ce droit électif
acquéroit de force par cette disposition, ne fût-
ce qu'en exprimant nettement ce qui n'avoit été
jusques alors que vague, & que tacite. Il s'affermit encore davantage par les suites que dut
avoir nécessairement le défaut d'héritiers mâles
qui affligea les rois & le royaume, depuis Valdemar III jusqu'à Chrétien I. Durant ce long
période, tous les princes qui occupèrent le trône
ne pouvant alléguer que le foible titre d'une
parenté très - éloignée, furent par cela même
dans le cas de recevoir la loi, en recevant le
bienfait. Chrétien I fut véritablement *élu* par
les états, & obligé de signer à son élection, que
le *royaume de Dannemarc continueroit à être libre
& électif*. Les autres prérogatives de la royauté
ne souffrirent pas moins à cette époque ; &
son petit fils Chrétien II fut même soumis à
une loi expresse qui le destituoit s'il manquoit à
ses engagemens. Il fut en effet déposé, comme
il semble qu'on l'avoit prévu, & son successeur

Fréderic averti par ce grand exemple n'eut
garde de déplaire à cette nobleffe qui ôtoit &
donnoit la couronne. Cet ordre déjà fi puiffant
continua donc à s'élever; &, ce qui en étoit
une fuite néceffaire, les ordres inférieurs furent
de plus en plus opprimés & avilis. Il eft vrai
que Fréderic II régna avec affez d'autorité,
parce qu'un prince heureux au dehors de fes
états eft toujours refpecté au dedans; mais fon
fils Chrétien IV éprouva les viciffitudes contraires; & fur la fin de fon règne, la nobleffe
qui avoit paru d'abord recevoir la loi, la donna
à fon tour à ce prince devenu malheureux, &
plus encore à fon fucceffeur Fréderic III dont
il va être queftion.

Ce prince ne monta point fans difficulté fur
le trône. Quelques-uns des grands du royaume
s'efforcèrent de l'en exclure, & fi ce projet
échoua, ce fut fans doute parce qu'on craignit qu'il n'occafionnât le démembrement de la
monarchie; mais il en réfulta du moins que les
prérogatives de ce prince furent encore reffer-
rées dans des bornes plus étroites que celles
de fes prédéceffeurs; *Corfitz Ublfeld*, *Annibal
Sebeftedt*, le comte *Valdemar*, *Ulric Chrétien
Guldenleu*, *Ebbe Ublfeld*, & quelques autres
n'épargnèrent rien pour affermir leur empire &

pour tenir le monarque dans leur dépendance.
La jaloufie des autres grands vint à fon fecours,
& Fréderic fe vit enfin débarraffé de prefque
tous ces dangereux ennemis. La guerre affermit encore plus fon autorité, comme il arrive
prefque toujours; & fa malheureufe iffue donna
lieu à d'autres événemens qui y contribuèrent
encore d'avantage (*).

Ç'avoit été un grand bonheur fans doute pour
la nation, que d'avoir échappé à fa ruine d'une
manière auffi inefpérée. Mais fi détournant les
yeux du paffé, elle ne les jetoit que fur le préfent & l'avenir, rien ne pouvoit paroître plus
déplorable que la fituation où cette guerre la
laiffoit. Les campagnes étoient ravagées, le tréfor épuifé, la flotte anéantie; il n'y avoit plus
de fonds pour entretenir l'armée ni pour la congédier en la payant. Les plaintes trop fondées
de cette armée produifoient déjà des mutineries,
des violences, & des défordres qui aggravoient

(*) Il s'agit ici de la guerre que le roi de Suéde
Charles Guftave venoit de faire au Dannemarc pendant
laquelle ce royaume fut réduit aux dernières extrémités,
& prefque tout conquis à la réferve de la capitale. Ce
qui contribua le plus à le fauver ce fut la belle défenfe
de cette ville par le roi & la bourgeoifie, mais il fallut
acheter enfin la paix par la ceffion de trois provinces.

 la misère des bourgeois & des payfans. Mais ce qui met d'ordinaire le comble à l'infortune des nations malheureufes, c'eft que les haines particulières, les reffentimens, les factions étouffoient les fentimens de patriotifme & de concorde, au moment où ils devenoient plus néceffaires que jamais.

Ces circonftances exigeoient la prompte convocation des Etats-Généraux ; c'étoit d'eux feulement que le roi pouvoit attendre les fecours néceffaires pour payer l'armée, & pourvoir à la fûreté du royaume, foit au-dedans, foit au-dehors. Il avoit en effet éprouvé quelques mois auparavant combien le fénat étoit peu difpofé à entrer dans fes vues. Ceux de fes membres qui fe trouvoient à Copenhague étant confultés fur les moyens de rétablir l'armée, n'avoient répondu qu'en lui confeillant de la remettre fur cet ancien pied de milices nationales, dont on venoit d'éprouver fi fenfiblement l'infuffifance.

La diète fut donc convoquée, & commença à s'affembler à Copenhague le 8 Septembre, & l'ouverture s'en fit avec folemnité deux jours après, dans une falle du château royal ; c'eft la dernière qui ait été tenue en Dannemarc, & cette circonftance, auffi bien que les événemens mémorables auxquels elle donna lieu, obligent

d'entrer dans quelques détails fur la difpofition
des efprits au moment où elle s'affembla, &
fur le caractère des perfonnages qui y jouèrent
les rôles les plus importans.

La nobleffe, qui jufques alors avoit éclipfé
les autres ordres par fon éclat & fon influence;
portoit dans cette affemblée une jaloufie d'autant
plus grande de fes priviléges, qu'elle fentoit
bien que ces priviléges étoient odieux & menacés.
Peut-être qu'en les facrifiant en partie dans le
moment, elle fe feroit affuré pour toujours la
jouiffance du refte, mais elle avoit fouffert
durant la guerre des pertes confidérables, qui
fermant fes yeux fur celles des autres & fur
les befoins de l'état, la difpofoient mal à cette
conduite défintéreffée, la feule qui pût faire
pardonner le peu de zèle qu'elle avoit montré
pour la défenfe de la patrie. Les grands priviléges que les bourgeois de Copenhague avoient
obtenus aigriffoient encore cette jaloufie de la
nobleffe, en même temps qu'ils donnoient à ceux-
là un nouveau degré de confiance. C'étoit principalement à cette bourgeoifie que le falut de
Copenhague, & par conféquent celui du royaume étoit dû. Elle vouloit avec raifon retirer
quelque fruit d'un fi glorieux fervice, & avoir
du moins dans les confeils une part proportion-

née à celle qu'elle avoit eue dans les dangers. Le clergé qui depuis la réformation n'étoit pas moins dans la dépendance des grands, n'étoit pas mieux difpofé en leur faveur. Les diètes dans lefquelles il avoit joué autrefois un rôle fi brillant ne lui offroient pas même une vaine image de fon ancien pouvoir. Les évêques y affiftoient tous, à la vérité, avec un certain nombre de députés du clergé & de l'univerfité de Copenhague ; mais c'étoit plutôt pour y apprendre les décifions de la nobleffe que pour y concourir.

A l'égard des payfans, ou des propriétaires cultivateurs, cet ordre anciennement confidérable n'en faifoit prefque plus un dans l'état. La plupart avoient été affujettis par la nobleffe, à différentes époques, & réduits à une condition qu'on ne peut fe difpenfer de nommer *efclavage*, qu'en difant qu'il peut y avoir un efclavage plus dur encore. Le peu de payfans libres encore exiftans n'affiftoient aux affemblées des états que pour y être des fpectateurs oififs de ce qui s'y paffoit.

La nobleffe d'une part, & de l'autre la bourgeoifie & le clergé, formoient donc dans cette diète deux principaux partis qui pour la première fois pouvoient avec quelque égalité foutenir leurs prétentions oppofées. Diverfes circonf. tances favorifoient les chefs de ces deux der-niers ordres. La diète étoit affemblée dans la capitale, au moment où il s'y trouvoit encore des troupes régulières fous les armes ; ces trou-pes étoient toutes dévouées à un prince qui s'étoit montré fi digne de les commander. Le corps des bourgeois & des étudians étoit devenu durant la guerre une autre armée auffi brave, auffi bien exercée que celle-là, & plus remplie encore de zèle pour maintenir & pour étendre l'autorité d'un prince qu'ils regardoient comme leur feul prótecteur contre l'oppreffion étrangère & domeftique. Le roi s'étoit attiré l'eftime en même temps que l'affection de tous les ordres ; la valeur, la juftice, la probité, vertus que tous fes contemporains fujets & étrangers ont reconnues dans ce prince, lui affuroient le ref-pect & l'amour qu'une figure avantageufe, des manières affables & careffantes infpiroient d'a-bord en fa faveur. La reine joignoit à toutes les qualités aimables de fon fexe, celles qui lui appartiennent le moins, un courage, une fer-meté, une réfolution qui, au rapport du che-valier de Terlon, lui avoient fait fupporter fans peine toutes les incommodités du long fiége de Copenhague. Car on l'avoit vue, dit-il, paſſer les nuits comme les jours à cheval ſur les remparts, pour encourager les ſoldats & les bourgeois à bien faire. Son caractère plus actif, plus décidé, & plus entreprenant que celui du roi, ſuppléoit à ce qui pouvoit manquer à cet égard à ce prince qui, plein de confiance & d'affection pour elle, écoutoit volontiers ſes conſeils.

Ce n'étoit pas non plus un petit avantage pour le roi que la préſence d'Annibal Scheſted à Copenhague, dans cette circonſtance; ſa jalouſie, ou plutôt ſa haine implacable contre ſon beau-frère *Uhlfeld*, lui inſpiroit un zèle d'autant plus vif pour ſon maître que celui-ci en avoit moins; ſon expérience conſommée, ſa connoiſſance profonde des hommes & des affaires, ſa ſou-pleſſe naturelle lui donnoient un avantage infini pour réuſſir dans tout ce qu'il entreprenoit; il eut pu mieux que perſonne ſoutenir la nobleſſe, s'il en eût été le chef, mais réſolu à s'en venger, ou penſant peut-être que le bien du royaume exigeoit ſon abaiſſement, il en devenoit dès-lors le plus dangereux ennemi.

Le gouverneur de Copenhague, Jean Schack, ne pouvoit manquer auſſi d'avoir une part con-ſidérable à la ſcène qui alloit s'ouvrir. Iſſu d'une ancienne nobleſſe de la Baſſe-Saxe, & le premier de l'armée, par son grade de feld-maréchal, il s'étoit distingué par de grands services. Quoi-qu'étranger, il s'étoit fait respecter & chérir des soldats & des bourgeois de Copenhague durant ce long siége, au succès duquel il avoit tant contribué. Il devoit toute sa fortune au roi, & son dévouement pour lui égaloit les bienfaits qu'il en avoit reçus : mais quoique courtisan, il servoit sans bassesse, & quoique soldat, il ne vouloit pas que la précipitation ni la violence opérassent les changemens qu'il désiroit.

Un autre étranger qui ne cédoit à personne en zèle pour le roi, ni en capacité pour le servir, c'étoit Christophle de Gabel, gentil-homme du pays de Brême, qui s'étoit attaché dès sa jeunesse à son service, & dont l'activité, l'esprit présent & fécond en ressources pou-voient être d'une grande utilité dans des con-jonctures difficiles.

Entre les députés des divers ordres qui com-posoient la diète, il y en avoit aussi qui par leur génie & leurs vues méritoient d'y jouer un rôle distingué, & qu'il faut faire connoître ici. Tel étoit Jean Svane, évèque de Sélande ou de Copenhague, & à ce titre, président de l'ordre du clergé. Issu d'une famille bourgeoise comme l'étoient tous ses pareils, depuis que la réformation ayant abaiffé & appauvri le clergé, la nobleffe dédaignoit ces dignités qu'elle avoit autrefois recherchées avec tant d'ardeur, Svane capable d'une grande application, étoit auffi propre aux affaires qu'aux fciences ; officieux, affable, infinuant, il s'étoit fait aimer de tout le monde, & particulièrement de fes collègues & des gens du peuple, fur l'efprit defquels il avoit un crédit fans bornes.

L'ordre de la bourgeoifie avoit pour préfident un homme également capable de former & d'exécuter une grande entreprife. Il fe nommoit Jean Nanfen, & étoit né à Flensbourg, où il avoit appris le commerce. Il avoit fait dans fa jeuneffe divers voyages en Ruffie & en Islande, & s'étant établi à Copenhague fous le règne de Chrétien IV, il y avoit été fait directeur de la compagnie d'Islande, & enfin bourgmeftre, & en cette qualité il étoit le premier magiftrat du corps municipal de cette capitale. La vie laborieufe qu'il avoit menée dans fa jeuneffe lui avoit acquis ce courage, cette force & cette expérience que ne donne jamais fi bien l'éducation des livres & des maîtres, quelque parfaite qu'on la fuppofe. Doué d'un jugement fain, mais furtout accoutumé à la fatigue & au danger, & à ne compter que fur lui-même, il étoit

devenu un homme de tête & de cœur; & s'étoit
fait eftimer univerfellement pendant le fiége de
la capitale, au falut de laquelle fes fervices n'a-
voient pas peu contribué. Les bourgeois de
cette ville & tous les autres députés de cet ordre
avoient donc en lui la plus grande confiance,
& fes avis prévaloient d'autant plus aifément
qu'on le connoiffoit auffi capable de les former
avec maturité, que de les exécuter avec prudence & avec vigueur.

S'il faut en croire quelques hiftoriens, ce
furent principalement ces deux hommes, Svane
& Nanfen qui conçurent le premier deffein de
relever l'autorité royale, & d'abaiffer l'ordre de
la nobleffe. Ils le communiquèrent à Gabel qui
s'y prêta avec zèle, & qui en conféquence
engagea le roi à convoquer la diète à Copenhague, plutôt qu'à Odenféc, comme cela fe
pratiquoit affez fouvent.

Gersdorff, grand-maître du royaume, fit le
10e. Septembre l'ouverture de la diète, par un
difcours où il propofoit aux états les principaux objets qui devoient les occuper. C'étoit
en général le rétabliffement du royaume, en
particulier les moyens de réparer les fortereffes,
d'en entretenir les garnifons & la milice, de
pourvoir aux befoins de la maifon royale, de

payer l'armée, d'acquiter les dettes, de rétablir la flotte, de la pourvoir de matelots & de les payer ; il finit par demander à chaque ordre son opinion par écrit fur ces objets importans.

Dès le lendemain trois fénateurs G. Rofen-crantz, Othon Krag, & Pierre Reetz, remirent aux états un mémoire qui renfermoit le fenti-ment de leur corps fur les moyens de pourvoir aux befoins de l'état. Ils propofoient d'établir un droit fur toutes les confommations auquel tous les ordres devoient être foumis ; ce mémoire fit le fujet de longues & de fréquentes confé-rences entre les députés fans qu'on pût tomber d'accord. Le clergé & la bourgeoifie fe plai-gnoient de ce qu'en propofant d'établir un droit fur les confommations, & en affectant de dire qu'ils s'y foumettroient, les nobles vouloient cependant en être exempts pour leurs perfonnes, pendant qu'ils étoient dans leurs terres, & ne confentoient à le payer que pour leurs payfans, & lorfqu'ils féjournoient dans les villes. Ces reftrictions leur ôtoient tout le mérite du facri-fice qu'ils prétendoient faire, quoiqu'ils le fiffent beaucoup valoir. Auffi, loin de leur en favoir gré à de pareilles conditions, les deux autres ordres dans leur réponfe fignée par Svane, Nanfen & trente-quatre députés, déclarèrent

qu'ils

qu'ils ne confentiroient au droit propofé, qu'à
condition feulement que toute la nation y feroit

affujettie avec une parfaite égalité. Mais la nobleffe perfifta dans fon refus de fe dépouiller
de fes prérogatives; elle réfolut de ne fe fou-
mettre à la taxe propofée, qu'avec les reftrictions qu'elle y avoit d'abord mifes; elle ajoutoit même que cette taxe *portant une atteinte
profonde à fes priviléges*, plutôt *par le nom de
taxe que par la taxe même*, elle n'y confentoit
que pour trois ans, & à condition que cela ne
tireroit point à conféquence pour la fuite.

Perfuadée fans doute que ce facrifice fatisferoit
le roi & les autres ordres, elle s'occupa enfuite
avec une entière fécurité à dreffer un long mémoire rempli de plaintes & de remontrances
qu'elle remit au fénat.

Elle y demandoit qu'on recherchât plufieurs
officiers & foldats qui s'étoient mal conduits
durant la guerre, ou qui avoient commis des
défordres depuis la paix; que le roi fut exhorté
à réduire les dépenfes de fa maifon, celles pour
l'armée, & les autres dépenfes publiques; que
l'on fixât une fomme pour ces divers objets,
& qu'on eût égard en cela aux pertes qu'avoit
faites le royaume, & à celles des payfans & des

nobles qui avoient le plus fouffert de la guerre ; que l'on donnât une attention particulière au rétablissement de la flotte ; que le fénat examinât la dépenfe néceffaire pour cet objet, afin que les états accordaffent des fubfides proportionnés ; qu'on réparât les fortereffes ; qu'on achevât celles qui étoient commencées, & qu'on en confiât principalement la garde aux naturels du pays dont la réputation fouffriroit par les préférences fi fouvent accordées aux étrangers ; qu'on ne tînt pas plus de troupes qu'il n'étoit néceffaire pour la garde du royaume ; que les milices fuffent remifes fur l'ancien pied ; que le commandement en fût donné à des Danois ; qu'on engageât le roi à congédier une partie de fes officiers de l'état civil & militaire, & cette cavalerie étrangère qui étoit fi fort à charge à fes peuples ; qu'on tâchât auffi de lui perfuader de pourvoir aux places vacantes de maréchal & de chancelier du royaume, de completter le fénat, de ne donner aucune penfion au maréchal, ni à l'amiral, ni aux autres grands officiers, mais de leur affigner feulement, comme autrefois, des terres & des fiefs de la couronne, pour leur entretien ; enfin de completter les régimens & les compagnies, mais de diminuer en temps de paix le nombre des officiers dont

l'entretien emportoit la meilleure partie des fonds
affignés pour l'armée.

On voit par cet expofé quelle étoit la façon
de penfer de la nobleffe fur l'état du royaume.
C'eft la même qu'elle avoit manifeftée déjà plus
d'une fois dans les diètes. Elle ne voyoit guères
les maux de l'état que rélativement à elle. C'eft
le caractère des hommes de tous les lieux &
de tous les temps. A l'égard des remèdes, elle
n'indiquoit auffi que ceux dont elle ne faifoit
pas les fraix. L'idée du facrifice de fon intérèt
particulier à celui de l'état ne fe préfentoit point
à elle; comme fi par fon inftitution la nobleffe
n'étoit pas fpécialement chargée de la défenfe
de l'état dans le fein duquel elle jouit de tant
de prérogatives; comme fi ce n'étoit pas à cette
condition qu'elle a obtenu fes prérogatives &
fes richeffes mêmes; enfin comme fi en ceffant
de porter les armes gratuitement, elle ne s'étoit
pas mife autant que les autres ordres dans l'obligation d'entretenir ceux qui défendent l'état.
Mais ce qu'il y a de plus remarquable, c'eft
qu'en reclamant fes anciens droits, la nobleffe
oublioit combien les circonftances étoient chan-
gées; qu'elle dédaignoit affez les autres ordres
pour braver à ce point leur mécontentement;
& qu'elle reftoit dans une profonde fécurité,

C ij

eu moment où tout devoit décéler une dangereuse fermentation.

Cette sécurité étoit telle que dans le mémoire dont on vient de parler, il y avoit même des traits directs contre l'ordre de la bourgeoisie, & contre celle de *Copenhague* en particulier. Ce qui y donnoit lieu sur-tout, c'étoit ces priviléges qui, comme on l'a dit, avoient été accordés aux bourgeois de *Copenhague*, pour animer & récompenser leur zèle durant la guerre. Ce mémoire étoit signé de trente - trois gentilshommes, pour eux & au nom d'un plus grand nombre d'abfens. On voit par ce détail que la nobleffe ne refufoit point abfolument de contribuer aux befoins de l'état, comme l'ont avancé fans fondement plufieurs écrivains étrangers. Les autres ordres ne fe plaignoient que de ce qu'elle n'offroit qu'une contribution infuffifante, & difproportionnée à fes facultés & aux befoins de l'état; de ce qu'elle l'offroit en affectant de dire qu'elle n'y étoit point obligée; de ce qu'elle ne l'accordoit que pour trois ans, terme qui ne pouvoit pas être celui des befoins publics; enfin de ce qu'au moyen des reftrictions qu'elle y avoit mifes, chaque gentilhomme pouvoit ne donner que ce qu'il lui plairoit, puifqu'exempt pour fa perfonne, c'étoit lui qui régloit ce que

CATHERINE II IMPERATRICE
de Russie

Cramton pinxit.
A. Töpffer Sculp. Genève

ſes payſans devoient payer, qui le recevoit, &
qui donnoit du nombre de ſes ſerfs l'eſtimation
qui lui plaiſoit. Ces conſidérations déterminèrent les deux ordres des communes à rejetter
l'impôt propoſé, comme étant inſuffiſant & principalement onéreux à eux-mêmes. Ce refus opiniâtre embarraſſa la nobleſſe & l'intimida ; elle
revint ſur ſes pas, & dans les conférences qui
ſe tinrent entre ſes députés & ceux des autres
ordres, elle offrit, pour ſe concilier avec eux,
de faire quelques nouveaux ſacrifices. Le ſénat
approuva ces propoſitions de la nobleſſe, avec
la réſerve que ces conceſſions ne tireroient point
à conſéquence pour l'avenir. Les deux autres
ordres acceptèrent auſſi ces offres ; ils conſenti-
rent même à payer annuellement par chaque
tête de leurs domeſtiques un impôt d'un écu &
demi, qui tiendroit lieu du droit de conſom-
mation, dont ils ſeroient exempts pour leurs
perſonnes ; ainſi ils ne ſe montroient pas moins
jaloux de l'égalité, dans la manière de contribuer aux charges publiques, que dans la quotité
de la contribution même. Humiliés depuis des
ſiècles par les diſtinctions de tous genres que
la nobleſſe s'étoit attribuées, ils ſaiſiſſoient avi-
dement une occaſion ſi favorable de la faire
deſcendre à leur niveau, & de ſe rapprocher de

C c iij

cette égalité, qui paroît toujours fi jufte, fi naturelle, fi admirable à ceux qui s'élèvent en la rétabliflant.

Cèpendant le clergé & la bourgeoifie trouvèrent bientôt après que ces contributions étoient infuffifantes pour le rétabliflement du royaume, & qu'il falloit avoir recours à de nouveaux expédiens; foit qu'en effet avec ces divers impôts on ne put pourvoir à tous les befoins réels, foit qu'ils paruflent accordés pour trop peu de temps; foit que guidés par des motifs qu'ils ne dévoiloient pas, les deux ordres vouluflent tirer un avantage plus durable d'une conjoncture qui pouvoit bien ne pas fe retrouver fitôt.

Ils proposèrent donc, comme le meilleur expédient pour foulager & acquitter l'état, de donner à ferme au plus offrant les fiefs, domaines & revenus de la couronne, dont la noblefle avoit joui jufques alors exclufivement, fous de modiques redevances. Ils alléguèrent que ce n'étoit pas dans la vue d'enrichir un certain nombre de familles que ces biens avoient été laifiés à la difpofition de la couronne, mais pour aflurer au roi & au royaume un revenu, au moyen duquel les fujets ne fuflent pas chargés fans néceffité. En affermant ces biens au plus offrant, ils pouvoient aifément produire quelques centaines

de mille écus, qui appliqués aux befoins de l'état
lui procureroient un foulagement confidérable.
Ils prioient le roi d'exempter les payfans des
domaines de la couronne des corvées qui les
épuifoient, & de les leur faire payer en argent,
ce qui feroit également avantageux à eux & à
l'état. Ils lui demandoient auffi quelques foula-
gemens pour les villes, une modération fur le
prix du fel, une diminution d'un dixième fur
l'accife, & la fuppreffion de quelques offices
dans les douanes. Enfin ils déclaroient que fi
après cela S. M. avoit befoin de plus grands
fecours, elle trouveroit toujours en eux de
fidelles fujets prêts à faire les derniers efforts
pour leur roi & leur patrie.

Ces propofitions furent fignées par les députés
des deux ordres, & préfentées immédiatement
au roi. La nobleffe qui y étoit attaquée par l'endroit le plus fenfible en fut vivement irritée;
la guerre avoit peut-être déjà commencé four-
dement, mais cette adreffe en fut en quelque
forte la première déclaration. Auffi répondit-elle
avec feu à cette propofition des communes : *Que
fes priviléges étoient ouvertement violés ; fa propriété même attaquée ; & que le quarante-fixième
article de la capitulation royale lui affuroit exclufivement la jouiffance des fiefs de la couronne, &*

défendoit de les affermer. La jouiſſance de ces fiefs ſoùs certaines redevances devoit donc ètre regardée comme ſon bien. Et c'étoit dans le temps que ſes terres étoient dévaſtées qu'on vouloit l'en dépouiller; au moment où par une condeſcendance à laquelle rien ne l'obligeoit que ſon zèle pour le roi & pour l'état, elle venoit de faire le ſacrifice de la partie la plus importante de ſes prérogatives.

La nobleſſe perſiſta donc à ce que l'on s'en tint à la taxe ſur les conſommations telle qu'elle l'avoit propoſée; mais loin que ſon indignation en impoſât aux deux ordres, ceux-ci prenant de jour en jour plus de confiance, déclarèrent en réponſe qu'ils ne pouvoient donner leur conſentement à une impoſition dont il étoit évident que la plus grande charge retomboit ſur eux; que ſi la nobleſſe avoit eſſuyé des pertes, la bourgeoiſie en avoit ſouffert de plus grandes encore; & qu'enfin on trouveroit peut-être la vraie cauſe du mauvais ſuccès de la guerre dont les grands ſe plaignoient, en faiſant faire une recherche exacte du nombre des régimens & des compagnies, qui n'avoient exiſté que ſur l'état des dépenſes de l'armée, durant le cours de la guerre. Ce reproche ſanglant acheva d'enflammer des hommes auſſi peu accoutumés à s'entendre tenir un pareil langage par des inférieurs long-

temps dédaignés : *Othon Krag*, l'un des fénateurs, fe levant de fon fiége, & regardant fiére-
ment *Nanfen*, reprocha à fon tour aux communes d'oublier tout à la fois, & les droits de la
nobleffe qui n'avoit jamais été fujette à aucune
forte de tributs, & la condition de leur ordre
qui n'étoit pas celle de perfonnes libres : Telle eft
du moins l'expreffion que la tradition & la
plupart des hiftoriens attribuent à ce fénateur,
quoique d'autres lui faffent tenir un langage plus
mefuré. Mais qu'il ait dit aux communes *qu'elles
étoient efclaves*, comme l'ont avancé quelques
hiftoriens étrangers, c'eft fans doute une exagération que l'efprit de parti fe fera permife, comme
il n'eft que trop ordinaire. *Krag* ne pouvoit
dire, ni penfer que les bourgeois & les eccléfiaftiques fuffent des efclaves, dans une diète
où ces deux ordres avoient voix & féance depuis
tant d'années, & fur-tout dans un temps où
les citoyens de la capitale venoient d'acquérir
des priviléges égaux à ceux des nobles. Le terme
de *non libres* qu'il employa n'eft point équivalent
à celui d'*efclaves* ; il fignifioit feulement *non
exempts* des taxes, des impôts, *non privilégiés* ;
au lieu que celui d'*efclaves* renferme l'idée d'une
dépendance abfolue fous toutes fortes de relations. Mais dans les difpofitions actuelles, les

paſſions dont on étoit agité ne pouvoient faire ces diſtinctions, & ce que l'imprudence & la hauteur des nobles laiſſoient échapper de plus pardonnable, paroiſſoit une inſulte qu'on ne pouvoit plus diſſimuler.

Svane & *Nanſen* voyant l'effet que ce diſcours produiſoit ſur l'eſprit des communes, ne doutèrent plus que ce ne fut le moment d'humilier la nobleſſe & de ſe venger de ſes hauteurs. Pluſieurs plans ſe ſeroient peut-être préſentés à des politiques tranquilles & exercés qui auroient pu ou voulu peſer toutes choſes, travailler à loiſir, & attendre le ſuccès de leur travail. Ceux-ci pouſſés entre divers écueils par le torrent des paſſions & des événemens, ne virent qu'un moyen d'arriver au port. Ils n'héſitèrent point à décider entr'eux que pour anéantir l'ariſtocratie des nobles, & n'avoir rien à en redouter à l'avenir, il falloit rendre la couronne héréditaire dans la famille royale, & remettre entre les mains du roi ſeul cette puiſſance qui partagée entre tant de mains, & redoutable aux ſujets du royaume, n'avoit pu le défendre contre ſes ennemis. Ils penſèrent qu'un ſeul maître légitime, quelqu'abſolu qu'il fût, exerceroit une autorité moins oppreſſive, &

moins humiliante que trente maîtres différens ;
que l'intérêt de l'état devenant celui du prince
lorfqu'il pourroit le regarder comme fon patrimoine, il feroit dès-lors un vrai père de famille,
& tous fes fujets fes enfans ; qu'à l'ombre de
cette autorité paternelle , chacun jouiroit de
toute l'égalité dont la fociété civile eft fufcepti-
ble ; l'intérêt du chef ne permettant plus que
quelques-uns de fes enfans fuffent efclaves, &
quelques-uns indépendans ; que les uns obtinf-
fent toutes les diftinctions par le feul mérite
imaginaire de la naiffance, & qu'aux autres le
mérite le plus réel fût inutile pour obtenir
même un regard. Ils penférent que cette autorité plus paternelle encore qu'abfolue d'un prince
intéreffé au bonheur de tous par le defir de fon
propre bonheur, vaudroit bien mieux que cette
liberté prétendue qui n'étoit que le defpotifme
du petit nombre & la fervitude du grand,
qui entretenoit une guerre éternelle entre tous
les ordres de l'état, & faifoit facrifier fans ceffe
la patrie aux vues & aux jaloufies des particuliers. Enfin difpofés comme le font tous les
hommes à juger de l'avenir par le préfent, les
deux ordres dépofoient fans inquiétude le pouvoir illimité entre les mains d'un prince, dont
la juftice, la bonté, & la générofité venoient

de fortir avec tant d'éclat des épreuves de l'adverfité.

Ils comptoient fans doute beaucoup auffi fur la reconnoiffance que mériteroit à leur ordre le fervice qu'ils rendroient au roi dans cette grande occafion. Ils ne pouvoient pas douter de fa fatisfaction, & de la joie avec laquelle il feconderoit leurs efforts. Tout fon pouvoir devenoit le leur; l'armée étoit à fes ordres, elle lui étoit abfolument dévouée. La bourgeoifie de Copenhague étoit encore armée, elle fentoit fes forces, & c'étoit une circonftance unique que celle d'une diète affemblée dans une ville fermée, & gardée par cette bourgeoifie même, & par des militaires la plupart étrangers & dépendans du roi.

Ce projet ayant été ainfi accepté par quelques-uns des principaux membres du clergé & de la bourgeoifie, il fe tint chez l'évèque *Svane* une affemblée plus nombreufe, où il fut communiqué aux députés du clergé des évèchés de *Sélande*, de *Vibourg*, & d'*Aarhuus*, aux magiftrats & aux députés de la capitale, & à quelques autres perfonnes de confiance. Là on donna à ce deffein une nouvelle approbation, & on examina comment on en feroit la propofition à tous les ordres affemblés. Enfin on y

dreſſa le projet de l'acte qui feroit remis au roi
pour le mettre en poſſeſſion du pouvoir héréditaire. La cour, ou du moins quelques - uns
des ſerviteurs du roi avoient ſans doute été
déjà preſſentis ſur ce qu'on méditoit, puiſque
le même jour le chambellan de *Gabel* ſe rendit
à cinq heures du ſoir chez l'évêque, & eut une
longue conférence avec lui, dans une chambre
ſéparée, & enſuite avec *Nanſen*, *Badsker* évêque de *Vibourg*, & *Eric Olafsen* député du clergé
de Sélande, le même, à ce qu'on croit, à qui
nous devons une relation manuſcrite des principales circonſtances de cette révolution, à
laquelle il eut beaucoup de part.

Il nous apprend que dans cette conférence,
Gabel lui demanda s'il pouvoit l'aſſurer poſiti-
vement, que dans tout ce qu'il lui promettoit
au nom du clergé dont il étoit député, il ne
feroit point déſavoué par ſes commettans,
comme ayant agi ſans pouvoir ſuffiſant? A quoi
l'auteur des mémoires répondit : « Je ſuis par-
» faitement aſſuré que comme l'ouvrage dont
» nous nous occupons a été mûrement conſi-
» déré par tous ceux qui ſont ici préſens,
» comme il réſulte de toute cette conférence
» qu'il tournera à la gloire & à la proſpérité
» de la maiſon royale, & au bien réel du

» royaume, en ce que les riches & les puiſſans
» n'y jouiront pas de plus de droits que les plus
» petits; de même auſſi je puis aſſurer le roi,
» que tous mes frères du diocéſe de Sélande
» s'y prêteront ſans aucune difficulté, & approu-
» veront ma conduite; ſur-tout quand ils ver-
» ront que les députés des autres ordres, le
» clergé des autres diocèſes, & les repréſentans
» des villes, y accèdent unanimément. Et quand
» même il arriveroit que quelques députés vou-
» droient s'y oppoſer, par des vues d'intérêt
» particulier, il y en aura un bien plus grand
» nombre qui aimera toujours mieux être gou-
» verné par un ſeul maître que d'en avoir plu-
» ſieurs. Ceux-ci feront toujours les plus forts.
» Je ſouhaite cependant, ajouta-t-il, que l'on
» conſulte les députés des autres diocèſes qui
» ne ſont pas ici, & qu'on tâche de perſuader
» ceux qui peuvent être encore chancelans. Il
» faut s'aſſurer des diſpoſitions favorables des
» principaux députés des villes, de ceux qui
» ont le plus de crédit, & qui ont acquis ce cré-
» dit, non par les faveurs de la nobleſſe, mais par
» leur bien propre, & par leur mérite perſonel."

Ce diſcours ſatisfit extrêmement *Gabel*; il en
fit ſes remercimens aux députés, les louant de
leur zèle, **de leur fidélité**, & de la fermeté qu'ils

lui faifoient efpérer, & les affurant en retour de
la reconnoiffance & de la faveur du roi. Après
qu'il fut forti, ils rentrèrent dans la falle où fe
tenoit l'affemblée, & ils réfolurent de former
un commité qui s'affembleroit le lendemain, &
feroit compofé de *Nanfen*, des deux députés
d'*Odenfée*, de ceux de *Kiœge*, du député de *Rypen*,
& de celui de *Naskov*.

Cette promeffe des principaux députés des
communes commença fans doute à attirer toute
l'attention de la cour. Ceux qui n'avoient pu
croire jufques alors que le peuple fût capable
d'une réfolution fi hardie, changèrent peut-être
d'idée en le voyant s'engager fi avant. On
apperçut en effet dès la nuit fuivante un mouvement qui annonçoit ce changement, & ceux
qui devoient fuivre. Toute cette nuit, & le jour
fuivant, il y eut des affemblées, des conférences, & des meffages des députés des communes
à la cour, & de la cour aux députés. La reine
s'étoit d'abord livrée aux premières efpérances
d'une révolution qui devoit la rendre toute puiffante, & elle fuivoit ce projet avec cette ardeur
qui caractérife les volontés de fon fexe. Le roi
ne témoignoit au contraire qu'une forte d'indifférence fur le fuccès, foit qu'il craignît de
s'attirer des affaires fâcheufes dont fon caractère

l'éloignoit beaucoup, foit qu'il fe crût retenu par les engagemens qu'il avoit pris à l'époque de fon couronnement; foit qu'il pensât qu'en agiffant il s'expofoit plus qu'il ne pouvoit contribuer au fuccès. Il ne joua long-temps qu'un rôle paffif dans une affaire dont le fuccès devoit lui valoir la jouiffance du pouvoir fuprème, de ce bien fi recherché, fi defiré, dont la feule apparence fuffit pour emflammer toutes les ames; il déclara même qu'il remettoit le tout à la direction de la providence, à la bonne volonté & à l'unanimité des états, à laquelle feule il vouloit devoir le beau préfent qu'on lui offroit. Il eftimoit que c'étoit la feule voie sûre, légitime & glorieufe d'acquérir une couronne héréditaire & une autorité illimitée.

Un défintéreffement fi extraordinaire dans ces cirçonftances étonnoit la reine, & l'affligeoit; elle lui fit plufieurs fois les inftances les plus vives pour l'engager à ufer de fa bonne fortune, à ne point fe refufer à ce qui devoit faire fa grandeur, celle de fes enfans & de fa poftérité. Mais fes follicitations ne purent l'ébranler, & l'afcendant de cette princeffe éprouvé dans tant d'occafions fut infuffifant dans celle-ci.

Il n'eft pas fans vraifemblance que la connoiffance que tout le monde avoit de ce caractère

modéré

modéré & circonfpect de Fréderic, qui l'éloignoit de toutes les entreprifes hafardées &
ambitieufes, ait été un des moyens qui fit réuffir
celle-ci. Si la nobleffe avoit eu à redouter un
prince avide du pouvoir, ardent dans fes paffions, artificieux, ou violent, elle auroit pris
l'allarme fur les plus légères apparences, &
oppofant de bonne heure la défiance à l'ambition, elle auroit pu aifément détourner les coups
qu'on vouloit lui porter. Mais elle ne put fans
doute fe perfuader que par un événement fans
exemple l'autorité fuprème fût déférée à un roi
qui ne la recherchoit point. Elle ne prit aucune
mefure, ou les prit trop tard, & *Fréderic* politique
fans fonger à l'ètre, dut ainfi fa grandeur à ce
qui fembloit le plus propre à l'en éloigner. Tant
les vues des hommes font courtes, & leurs raifonnemens incertains, foit qu'il s'agiffe de fe
propofer un but, ou de choifir les moyens d'y
parvenir.

Mais la fécurité de la nobleffe ne fut pas due
uniquement à la bonne opinion qu'elle avoit du
roi, elle vint auffi du peu de cas qu'elle faifoit
du peuple. Elle l'avoit vu toujours foumis,
obéiffant, rampant même devant elle. Comment
ne fe feroit-elle pas perfuadé qu'il étoit fait pour
obéir, comme elle pour commander? Aucun

homme, aucune claſſe d'homme ne s'eſt jamais défendue long-temps contre cette illuſion, cette ivreſſe de la longue proſpérité. La nobleſſe ne ſe diſſimula pas ſans doute qu'il n'y eut de la fermentation dans le peuple, mais elle penſa que comme dans d'autres rencontres elle ne produiroit que de vaines clameurs, ou qu'au pis aller de légères complaiſances lui ramèneroient bientôt les eſprits. Ses irréſolutions, peut-être quelques méſintelligences, concoururent avec cette fauſſe manière de raiſonner à la faire agir avec une lenteur qui lui fut fatale. Les chefs des communes profitant de ces fautes eurent le temps de lier leur partie. Accorder du temps à ſes ennemis en pareille conjonĉture, c'eſt mettre la viĉtoire entre leurs mains.

Cependant, aux yeux du public, on ne paroiſſoit s'occuper encore que de l'affaire des impôts. L'ordre de la nobleſſe & le ſénat avoient fait renouveller les droits ſur le papier timbré, par une ordonnance qu'ils avoient envoyée toute dreſſée, ſelon leurs idées & leurs convenances, aux magiſtrats de *Copenhague*, pour qu'ils la fiſſent lire & accepter par leur ordre, le jour ſuivant. *Nanſen* & ſes collégues occupés d'un ouvrage tout autrement important, refuſèrent d'en faire la propoſition, & dans l'aſſemblée des

deux ordres il fut arrêté au contraire de pré-
senter au roi une requète pour le supplier de
modérer les droits sur le papier timbré, & de
ne point les exiger selon que la noblesse le pro-
posoit. Ils terminoient cette requète par supplier
de même le roi de leur faire donner des assu-
rances que les droits sur les consommations
seroient établis comme ils l'avoient proposé &
demandé.

Cette requète fut présentée au roi par l'évêque *Svane*, & le président *Nansen*. A leur retour
du château ils rencontrèrent ce même sénateur
Othon Krag qui s'étoit déjà permis avec eux
des expressions offensantes dans l'assemblée des
états: *D'où venez-vous*, leur dit-il avec colère,
& que venez-vous de faire là ? Et sans attendre
leur réponse, leur montrant du doigt la tour
où est la prison d'état, il leur demanda *s'ils ne
connoissoient pas ce lieu, & l'usage qu'on en fai-
soit* ? *Nansen* blessé au vif de cette menace, lui
montrant à son tour le clocher de l'église de
Notre Dame, lui demanda, *s'il ne savoit pas ce
qui étoit suspendu dans ce lieu*, voulant parler de
la cloche de cette église avec laquelle on son-
noit l'allarme, & qui pouvoit en un moment
appeler toute la bourgeoisie à son secours. L'indignation de ce sénateur à la vue des deux hom-

mes que fon ordre avoit le plus à redouter, put faire fuppofer que leur deffein ne lui étoit pas inconnu. En effet les communes avoient déjà pris, le jour précédent, la réfolution de déférer au roi la Souveraineté abfolue & héréditaire. Les deux ordres du clergé & de la bourgeoifie s'étoient affemblés dès le matin dans la falle des braffeurs, & là l'évêque *Svane* leur ayant fait lecture de la déclaration qu'on vouloit faire au roi, telle que l'avoient conçue & fignée les députés du clergé, il avoit prié le préfident & les députés des villes de l'agréer, & de la figner auffi. En la recevant *Nanfen* avoit exhorté fes collégues par un difcours pathétique à fuivre l'exemple du clergé, & à adopter, comme de bons & zélés citoyens & fujets, cet unique moyen de fauver leur patrie, & de rendre au roi, à fa maifon, & au royaume, l'éclat & la profpérité dont ils étoient déchus. Après ce difcours il avoit figné, & après lui les autres députés, chacun dans leur ordre, & fans éprouver, ni de longues, ni de bien férieufes contradictions. (1)

Il n'étoit plus queftion que de faire foufcrire

---

(1) L'acte fut remis à la nobleffe avec la fignature de 15 députés du clergé, & de 39 députés des villes.

l'ordre des nobles à une réfolution qui devoit
lui être fi défagréable. Dans toute autre circonftance cette difficulté eut parut infurmonta-
ble. Mais tout étoit déjà bien changé, & annonçoit de plus grands changemens encore.

Les députés des deux ordres ayant tout préparé pour mettre la dernière main à leur ouvrage,
fortirent du lieu de leur affemblée pour fe
rendre à l'hôtel-de-ville, où la nobleffe délibé-
roit dans ce moment fur leurs derniers procédés. Ils fe mirent en marche deux à deux, avec
beaucoup de décence & de gravité, ayant à leur
tête l'évèque *Svane* & le préfident *Nanfen*, accompagnés d'une foule immenfe qui témoignoit fa
joie par fes vœux & fes acclamations redou-
blées. Quand ils furent admis dans la falle des
nobles, le préfident *Nanfen*, après un difcours
fuccinct, leur remit la déclaration des communes conçue en ces termes:

« Très-illuftres feigneurs, &c. Nous fouffi-
» gnés les députés des ordres du clergé & des
» villes, ne pouvons nous rappeler qu'avec la
» plus grande fatisfaction, le difcours également
» fage & mémorable que tint ici en préfence
» de fa majefté, du fénat, & de tous les ordres
» de l'état, fon excellence M. le grand-maître
» du royaume. Il y prouva qu'après la protec-

» tion divine, c'étoit à la préfence de fa majefté,
» à fa fageffe, à fa vigilance, à fa grande valeur,
» que la délivrance du royaume étoit due. C'eft
» ce que chacun de nous n'eft pas moins obligé
» de reconnoître. Et qui pourroit nier en effet
» que lorfque nous apprîmes que l'ennemi avoit
» pénétré dans l'intérieur de notre pays, & qu'il
» marchoit à *Copenhague*, nos cœurs ne fuffent
» abattus, & remplis de terreur? Ils ne reprirent
» la vie & la force, que quand appelés en pré-
» fence de fa majefté, elle nous ramena par fes
» exhortations à notre devoir, aux fentimens
» de fidélité que nous lui devions, & à ceux
» d'une courageufe réfiftance à l'ennemi. Ce fut
» l'effet de la promeffe que le roi nous fit, de
» vivre & de mourir avec nous. Alors nous nous
» fentîmes tous remplis d'ardeur & de zèle pour
» la défenfe de la patrie, nous n'eûmes plus
» qu'un cœur, & pour ainfi dire qu'une main,
» pour relever nos remparts & les défendre. La
» faim, la foif, les glaces, les coups de l'en-
» nemi ne nous effrayèrent plus. On vit régner
» dans la ville une union, une réfignation, une
» patience incroyables. Cependant tous nos
» efforts auroient été infuffifans, fi nous n'avions
» reçu par mer & par terre des fecours des
» puiffances étrangères; & c'eft là encore une

» preuve bien éclatante de la fageffe & de la
» prudence de fa majefté. Lorfque tout paroif-
» foit dans la plus grande confufion, lorfque
» l'ennemi fembloit nous avoir coupé toute
» communication au dehors, le roi trouva moyen
» de faire connoître aux étrangers notre fitua-
» tion; & pleins d'eftime pour fa perfonne &
» fa famille royale, ils prirent le plus vif intérèt
» à la délivrance de cette capitale. Le roi de
» fon côté expofa fa perfonne aux glus grands
» dangers pendant le cours de ce fiége, foit
» dans la defcente que le roi de Suède fit à
» *Amack*, foit fur les remparts où il étoit jour
» & nuit, & où fa préfence continuelle foute-
» noit le courage, la fidélité, le zèle de fes fujets.
» Chaque fortie fe faifoit fous fes yeux, &
» c'eft ce qui les rendoit communément fi heu-
» reufes. Il fe trouva partout où il y avoit le
» plus de danger, comme lorfque l'ennemi don-
» nant l'affaut à nos derniers remparts, fon
» exemple nous apprit ce que nous avions à
» faire; il enflamma le cœur des citoyens du
» défir de l'imiter, & de hafarder leurs vies
» pour la défenfe de fa perfonne & de leur
» patrie. Et quoique notre devoir nous fît fans
» doute une loi de ce zèle & de cette obéif-
» fance, fa majefté n'en a pas été moins libérale

D iv

» dans fes récompenfes , foit envers chaque
» ordre à qui elle a accordé les plus beaux pri-
» viléges , foit envers les particuliers par des
» récompenfes proportionnées à leurs fervices.
» Puifqu'il eft donc certain que fa majefté nous
» a fait éprouver jufques ici un gouvernement
» fi doux & fi clément; puifque c'eft par fes
» vertus qu'elle a fauvé la patrie des mains de
» nos ennemis ; puifqu'elle a récompenfé avec
» tant de générofité des fervices que le ferment
» de fes fujets les obligeoit à lui rendre ; puif-
» que fes ancètres ont auffi gouverné ce royaume
» avec gloire , depuis tant d'années , nous efti-
» mons que notre devoir & nos obligations ,
» comme auffi l'intérèt & le bonheur du royaume
» exigent que nous donnions de même à fa
» majefté & à fa royale maifon des marques de
» la reconnoiffance que nous lui devons. Et il
» nous femble que le meilleur moyen pour
» cela, eft, qu'à l'exemple de plufieurs nations
» célèbres, nous rendions ce royaume héré-
» ditaire, en faveur de fa majefté & de fa
» famille. C'eft ce que les états de Suède ont
» déjà fait, & ils s'en font bien trouvés juf-
» qu'ici ; fans parler des royaumes d'Efpagne,
» de France & d'Angleterre, qui, fous un fcep-
» tre héréditaire, font montés au plus haut

» point de la profpérité qu'on puiffe atteindre
» fur cette terre. Nous ne doutons pas, illuf-
» tres & fages fénateurs de ce royaume, comme
» auffi vous, illuftres membres de la nobleffe,
» que vous ne foyez du même avis; mais nous
» vous prions très-humblement & très-inf-
» tamment, de vouloir bien le déclarer en pré-
» fence de fa majefté, en la fuppliant en même
» temps très-humblement de confirmer à chaque
» ordre fes priviléges, afin que ce changement
» tourne, non feulement à la gloire de Dieu,
» mais qu'il produife encore l'avantage du
» royaume, & la fatisfaction des fujets. » *Donné*
à Copenhague, le 8me *Octobre* 1660.

Quoiqu'il foit bien probable que le fénat &
la nobleffe s'attendoient à quelque propofition
de ce genre de la part des communes, il paroît
cependant par la confternation dans laquelle
cette déclaration les jeta, qu'ils n'avoient pas
prévu une réfolution fi prompte, & une manière
fi décidée & fi preffante de la leur communiquer. « Il falloit voir, dit un écrivain dont
» le témoignage nous feroit fufpect s'il n'étoit
» ici confirmé par d'autres, il falloit voir
» ceux qui peu de jours auparavant s'étoient
» montrés fi fiers, devenir en un moment
» fouples & complaifans, & découvrir leurs

» craintes par leurs paroles & par leurs con-
» tenances; ils ne virent le mal que lorfqu'il
» étoit inévitable. On ne leur donnoit pas le
» loifir de confulter.... C'étoit un chagrin infup-
» portable de renoncer au pouvoir qui les char-
» moit tant, & de fe mettre fur leur col un
» joug fi pefant, mais ils voyoient bien qu'ils
» ne feroient pas long-temps les maitres.... &
» que ce qu'ils n'avoient regardé d'abord que
» comme une faillie d'un peuple inconftant
» & inconfidéré, étoit conduit par des têtes plus
» fages qu'ils ne l'avoient penfé. Il foupçonnè-
» rent que la cour les foutenoit par l'efpoir des
» récompenfes; ils fe foupçonnoient même les
» uns les autres, perfonne ne fe tenant affez fûr
» que fon voifin n'étoit point entré dans cette
» confpiration contre la liberté publique."

C'étoit dans un moment fi critique, au milieu
de tant de défiances & de craintes, qu'on exigeoit d'eux une prompte réponfe. Il faut d'autres difpofitions pour prendre ces partis tran-
chans & courageux dans lefquels on trouve quelquefois le remède des maux défefpérés. Après
quelques délibérations, les nobles n'ofant heur-
ter de front les communes feignirent d'entrer
dans leurs vues, & répondirent que cette propofition ne leur étoit pas défagréable, & qu'ils

ne la blâmoient pas en elle - même , « mais qu'elle

» étoit d'une telle importance qu'on ne sauroit
» y réfléchir trop mûrement, qu'ils ne pouvoient
» d'ailleurs s'empêcher de trouver mauvais
» qu'on eut pris une résolution pareille, sans
» en donner la moindre connoissance au premier
» ordre du royaume; qu'ils vouloient avoir part
» comme les autres à la gloire d'avoir fait un
» si beau présent au roi & à sa postérité, mais
» qu'ils désiroient qu'on travaillât à ce grand
» ouvrage avec la prudence & la gravité qu'il
» demandoit, afin d'éviter tout ce qui pourroit
» lui donner l'air d'une révolution opérée par
» le tumulte & par la force. Qu'ils espéroient
» aussi que les communes différeroient un peu
» l'exécution de leur dessein, afin que tous les
» ordres en pussent délibérer de concert, &
» examiner les moyens de le diriger à la satis-
» faction de chaque ordre en particulier , & à
» l'avantage général."

Les chefs des communes avoient sans doute
prévu que la noblesse ne chercheroit qu'à gagner
du temps, mais ils n'en connoissoient pas moins
le prix que leurs adversaires; aussi *Nansen* repli-
qua-t-il sans hésiter, & avec la fermeté si nécessaire dans cette conjoncture : « que les commu-
» nes avoient pris leur résolution, & que si

» la nobleſſe ne vouloit pas y accéder, ils alloient » ſur le champ au palais ſans elle. Qu'ils y » étoient attendus par ſa majeſté, à laquelle ils » avoient fait demander audience; qu'il n'y avoit » donc pas un moment à perdre, & que les » nobles n'avoient qu'à déclarer leurs intentions » en deux mots." Mais ceux-ci perſiſtèrent dans leur première réponſe; & les communes non moins fixes dans leur ſentiment déclarèrent de nouveau qu'elles ne vouloient point de délai, qu'elles voyoient aſſez qu'on n'avoit en vue que de faire échouer leur deſſein, & qu'après tout elles n'étoient pas venues pour en délibérer avec la nobleſſe, mais pour le lui communiquer, & le mettre ſur le champ en exécution.

Pendant ces débats, le ſénat & les nobles avoient député ſecrètement au roi quelques mem‑ bres de leur corps pour ſonder ſes diſpoſitions. Ils étoient chargés de lui dire qu'ils ne reje‑ toient point le projet des communes, & qu'ils étoient auſſi diſpoſés qu'elles à donner à ſa majeſté & à ſes héritiers mâles le droit de ſuccéder à la couronne, qu'ils eſpéroient que ſa majeſté s'en contenteroit; mais qu'ils demandoient que tout cela ſe fît mûrement, avec l'ordre & les formalités uſitées dans toutes les affaires de cette nature.

« Le roi leur répondit avec une grande modé-
» ration, qu'il les remercioit de leurs bonnes dif-
» pofitions pour lui & pour fa famille, & qu'il
» efpéroit que la nation n'auroit jamais que des
» fujets de s'en louer; mais qu'il ne pouvoit
» leur cacher que ce qu'ils vouloient faire ne
» lui feroit agréable, qu'autant qu'ils éten-
» droient aux femmes le droit de fucceffion,
» comme cela s'étoit vu déjà dans le royaume,
» & dans plufieurs autres états héréditaires.
» Que cependant il les laiffoit les maîtres de
» faire ce qu'ils jugeroient le plus à propos;
» qu'il ne vouloit rien devoir qu'à leur bonne
» volonté, & à un libre confentement, & qu'il
» fe contentoit de leur déclarer qu'il n'accep-
» teroit pas le droit de fucceffion, avec la ref-
» triction qu'ils vouloient y mettre. »

C'eft une chofe bien remarquable que dans
tout ce qui s'étoit fait jufques à ce moment,
dans la propofition des communes au fénat &
à la nobleffe, dans le difcours des députés de
la nobleffe au roi; dans la réponfe que leur fit
ce prince, il ne fut jamais queftion que de
changer la forme élective du gouvernement
contre le droit héréditaire, fans qu'on fît aucune
mention des autres droits qu'on pouvoit accorder ou refufer au monarque, ni des priviléges

des divers ordres de fes fujets. Penfoit-on que le droit héréditaire renfermât néceffairement tous les autres droits? Ou, croyoit-on qu'il fût inutile de rien refufer à celui à qui on ne pouvoit plus refufer la couronne? Mais on avoit fous les yeux des monarchies héréditaires & limitées. L'exemple de l'Angleterre, de la Suède, exemple cité plus d'une fois, prouvoit bien qu'il étoit poffible de concilier ces deux chofes. Il eft vrai que peu analogues de leur nature, ce n'eft qu'à force d'art & de précautions, ce n'eft fouvent qu'aux dépens de la tranquillité publique, qu'on les force à s'unir enfemble. Etoit-ce la crainte de ce danger qui retenoit les auteurs de la révolution? Leur admiration, leur reconnoiffance pour le roi attachant uniquement leurs regards fur le moment préfent, leur avoit-elle perfuadé qu'eux & la poftérité ne pouvoient s'acquiter que par un préfent & une confiance fans bornes? Pensèrent-ils que le roi ne voudroit accepter aucune autre marque de reconnoiffance? Crurent-ils enfin que laiffer des limites au pouvoir du roi, c'étoit laiffer un pouvoir dangereux à leurs adverfaires, entretenir leurs efpérances, s'expofer aux effets de leur ambition & de leur vengeance, & remettre au pouvoir de la fortune les avantages inefpérés qu'elle leur

offroit ? Voilà des questions qui se présentent
naturellement. Mais peut-on aujourd'hui y
répondre d'un manière satisfaifante ? Quand il
s'agit de démêler les motifs secrets qui détermi-
nent les hommes, ceux mêmes qui vivent avec
eux & les voyent & les entendent tous les jours,
avoueront, s'ils font de bonne foi, qu'ils font
continuellement réduits au doute, ou exposés
à l'erreur.

Quoiqu'il en soit, le sénat & la noblesse lais-
sèrent ainsi échapper le moment favorable de
mettre à couvert la plus grande partie de leurs
priviléges ; car la confirmation leur en eut été
accordée fans doute, s'ils euffent fu de leur
côté céder de bonne grâce, & à propos, ce
droit héréditaire illimité qu'on leur demandoit
pour la maison royale. Mais leur confternation
& leur effroi ne produifirent chez eux qu'une
a réfolution, qui dans ces circonftances eft l'avant-
coureur certain de la ruine d'un parti, puifqu'elle l'expofe à tout, & ne remédie à rien.
Les communes impatientes de la lenteur avec
laquelle on fe difpofoit à leur faire une réponfe
précife, craignant que quelque trame fecrète ne
fût cachée fous cette indécifion affectée, prirent
le parti de fe rendre feules au palais, & de
confommer fans le concours de la noblesse l'ou-

vrage qu'elles avoient fi heureufement commencé. Tous les députés fe rendirent donc auffi-
tôt au palais ,. précédés par l'évêque *Svane* &
le préfident *Nanfen* ; & ayant demandé audience
au roi, ils furent auffitôt admis, en préfence de
quelques feigneurs, du nombre defquels étoit
Annibal Schefted, qui dans cette occafion acheva,
dit-on, de lever le mafque, après avoir fervi
déjà en fecret la cour & les communes contre
l'ordre de la nobleffe. L'évêque adreffa un long
difcours au roi dans lequel il expofa les motifs
de la réfolution que les communes avoient prife
en fa faveur. C'étoit fa conduite héroïque, à
laquelle le royaume devoit fa confervation,
qui les engageoit à lui offrir la couronne héréditaire, & le pouvoir illimité, au nom de tout
le clergé & des villes, comme étant les deux
ordres les plus nombreux & les plus puiffans
de l'état. Ils l'affuroient qu'ils étoient prêts à
facrifier leurs biens & leurs vies, pour le défendre contre tous ceux qui voudroient traverfer
une entreprife auffi louable & auffi utile à la
patrie. Il finit par des vœux & des bénédictions,
auxquels toute l'affemblée fe joignit, en difant
amen, avec toutes les marques de la plus vive
fenfibilité. Le roi répondit en peu de mots, qu'il
les remercioit de leurs généreufes difpofitions,

qu'il

qu'il ne refuferoit pas ce qu'ils lui offroient _{DANNEMARC} quand cette offre feroit le vœu unanime des états ; que le confentement de la nobleffe en étoit une condition néceffaire, qu'il les affuroit d'ailleurs de fa protection royale, qu'il n'ou- blieroit jamais l'affection qu'ils lui témoignoient, qu'il les foulageroit, & leur accorderoit des grâces & des priviléges, comme un falaire dû au zèle, à la fidélité & à la valeur qu'ils avoient fait briller dans la défenfe du royaume. Enfin il les exhorta à continuer leurs affemblées, juf- qu'à ce que leur deffein eût été conduit à une heureufe conclufion par l'union des trois ordres ; & qu'il put ainfi recevoir le beau préfent qu'ils lui deftinoient, avec les formalités & la folem- nité convenables. Après cette réponfe il les congédia.

Cette démarche des communes ne fit qu'ac- croître l'inquiétude & les craintes des fénateurs & de la nobleffe. Mais leur irréfolution n'en fut que plus grande ; & après de vains débats ils levèrent la féance, fe promettant feulement de fe raffembler après midi, pour chercher de nou- veau une iffue au labyrinthe dans lequel ils fe voyoient engagés.

Un événement particulier devoit les raffem- bler peu d'heures après. Ils étoient invités aux obsèques du fénateur *Scheel*, pour lefquelles on avoit préparé un grand feftin, fuivant l'ufage du temps. Au milieu de ce repas, pendant lequel les circonftances critiques où l'on fe trouvoit faifoient le fujet de l'entretien des convives, le major de la ville étant entré, leur apprit que le gouverneur venoit de lui ordonner de fermer les portes de Copenhague, & de ne laiffer fortir perfonne. Toute l'affemblée fut frappée d'étonnement & de terreur à cette nouvelle. On fe la fit confirmer plufieurs fois par le major qui tâchoit en vain de raffurer les efprits, en repréfentant qu'on n'avoit rien à craindre de la part d'un roi généreux & clément comme étoit fa majefté, & que cet ordre ne devoit en aucune façon les empêcher de finir les cérémonies, & de continuer les délibérations dont ils avoient été jufqu'alors occupés.

La nouvelle étoit en effet plus fondée que la crainte exceffive qu'elle caufoit. Pendant que la nobleffe avoit perdu des momens précieux dans des débats inutiles, ou des cérémonies plus vaines encore, les miniftres du roi, les chefs de l'armée, & ceux des communes avoient achevé de prendre toutes les mefures néceffaires pour affurer l'entier fuccès de leur entreprife. Et comme ils s'étoient apperçus que quelques

perſonnes de l'ordre des ſénateurs & de la
nobleſſe avoient quitté ſecrètement la ville les
jours précédens, & que d'autres ſe diſpoſoient
à imiter leur exemple dans la vue de rompre
la diète & de faire échouer leurs deſſeins, ils
avoient engagé le roi à s'aſſurer de la préſence
des autres, en fermant les portes de la ville, &
en redoublant de précautions pour que perſonne
ne pût ſortir.

Un danger connu n'inſpire ſouvent qu'une
crainte utile & ingénieuſe. Un danger dont la
nature eſt ignorée peut paroître ſans bornes
& ſans remède à l'imagination qui en eſt frappée. Ces démarches des communes, leur concert avec le roi, les mouvemens qui en étoient
la ſuite, avoient allarmé les ſénateurs & la
nobleſſe ſur leurs priviléges. Mais dans la première ſurpriſe où les jeta l'idée de leur déten-
tion, dans une ville forte, où leurs adverſaires
étoient les maîtres, la plupart imaginèrent que
leur réſiſtance pouvoit leur attirer les plus grands
malheurs, & qu'il ne leur reſtoit d'autre parti
pour les éviter que de ſouſcrire ſans murmure
à tout ce qu'on leur avoit propoſé. Auſſi ce
moment peut-il être marqué comme le terme de
ce pouvoir ariſtocratique, qui bien plus que
celui du monarque gouvernoit le royaume depuis

E ij

tant d'années, & tenoit les ordres inférieurs fous un joug plus humiliant peut-être encore que pefant. En effet, après une courte confultation, ils dépéchèrent tant à la cour qu'aux communes des perfonnes de leur corps, pour leur faire favoir qu'ils étoient difpofés à faire ce qu'on leur avoit propofé, & à foufcrire en toutes chofes aux volontés de fa majefté. Ce fut *Trolle* vice-roi de Norvège qui fut chargé de faire cette déclaration au roi, au défaut du grand-maître qui fe trouvoit indifpofé.

Les jours fuivans furent employés à donner à cette révolution tous les caractères qui pouvoient la rendre folemnelle & durable. Il falloit d'abord remettre au roi fon *acte d'affurance*, ou *capitulation*, qui contenoit tous fes engagemens, & toutes les limitations apportées à fon autorité. Mais, à la grande furprife du public, on ne put retrouver l'original de cet acte fi important pour tous les ordres du royaume, & qui formoit la bafe de fa conftitution ; quelque membre de la nobleffe l'ayant fait difparoître, à ce qu'on crut dans le public, de peur qu'on ne le reftituát au roi. Au défaut de l'original on fe fervit d'une copie de cet acte trouvée en Sélande, & on y joignit une déclaration par laquelle les fénateurs, la nobleffe, & les députés des communes

révoquoient & annulloient cette capitulation
royale, & difpenfoient le roi de la manière la
plus étendue & la plus expreffe de tous les fer-
mens qu'il y avoit prêtés, & de tous les engagemens qu'il y avoit pris.

Il falloit après cela que tous les ordres prê-
taffent au roi un nouveau ferment, comme à
leur monarque héréditaire & abfolu. Cette céré-
monie qui exigeoit quelques préparatifs n'eut
lieu que deux jours après. On avoit dreffé pour
cet effet dans la grande place du château plufieurs échaffauts; un pont les joignoit avec le
balcon du château par où le roi devoit fortir;
on avoit placé fur une eftrade plus élevée deux
fauteuils pour le roi & la reine. A leur côté
étoient des fiéges pour les princes & les prin-
ceffes. Sur les deux bords de ce théâtre étoient
des bancs pour les fénateurs & pour les dames
de la cour. Dès le jour précédent le public
avoit été invité à affifter à cette folemnité. La
bourgeoifie & la garnifon avoient eu ordre d'y
paroître fous les armes. La première formant en
tout douze compagnies prit pofte le long du pont
dont j'ai parlé. La garnifon étoit à peu de diftance autour du théâtre, & dans les avenues.
Le régiment des gardes étoit derrière, & peu
éloigné.

E iij

Tout étant ainfi difpofé, le roi, la reine &
la famille royale fortirent à midi du château,
précédés des trompettes & des timbales, & de
toute la nobleffe qui étoit conduite par fes deux
maréchaux George Krufe & Henri Lindenow.
Après eux paroiffoient les deux maréchaux de
la cour Korbitz & Sehefted, ayant leurs bâtons
à la main , & accompagnés de toute la maifon
du roi. Ils étoient fuivis des deux hérauts , &
des premières perfonnes de l'état, qui portoient
les joyaux de la couronne ; Krabbe portoit
l'étendard , Rantzow le globe, Trolle l'épée,
Parsberg le fceptre , Urne la couronne. Les
fénateurs, la nobleffe, le clergé, les profeffeurs
de l'univerfité , les députés des villes , & les
payfans libres de l'isle d'Amack , ayant enfuite
pris leurs places fuivant le rang que l'ufage
affignoit à chacun, Pierre Reetz qui faifoit les
fonctions de chancelier , s'adreffant à l'affemblée :
" Puifqu'il a plû, dit-il, au Tout-Puiffant que
,, par une réfolution unanime & volontaire des
,, états, ce royaume devint héréditaire en faveur
,, de fa majefté , notre feigneur & roi, & de
,, fa poftérité , tant mafculine que féminine ; fa
,, majefté , en remerciant les états de cette
,, marque de leur bonne volonté , & de leur
,, zèle , ne promet pas feulement à tous fes bons

„ & fidelles fujets de les gouverner lui-même,
„ comme un prince chrétien & clément, mais
„ encore d'établir une forme d'adminiftration,
„ telle qu'ils puiffent fe promettre les mèmes
„ avantages fous fes fucceffeurs & fa poftérité.
„ Et comme cette réfolution unanime des états
„ exige un nouveau ferment de fidélité, fa
„ majefté difpenfe les états de ceux qu'ils lui
„ ont précédemment prètés, en les affurant
„ chacun en particulier de fa protection &
„ faveur royale. „

 Là-deffus les fénateurs s'étant mis à genoux,
& levant les mains, prètèrent le ferment fuivant,
dont Reetz leur lut le formulaire, & que chacun
répéta mot à mot à haute voix : “ Très-puiffant
„ feigneur & roi, je jure & promets que je
„ ferai obéiffant & fidelle à votre majefté comme
„ à mon très-gracieux roi & feigneur, auffi bien
„ qu'à votre royale famille, que je ferai tous
„ mes efforts pour contribuer au bien & à
„ l'avantage de votre majefté & de fa maifon,
„ pour détourner ce qui pourroit lui ètre pré-
„ judiciable, que je fervirai fidellement V. M.
„ comme mon feigneur héréditaire felon l'hon-
„ neur & le devoir de gentilhomme & de fujet.
„ Qu'ainfi Dieu me foit en aide, &c. „

 Ils fe relevèrent après avoir prèté ce ferment,

E iv

& allèrent faluer le roi & la reine, fans qu'aucun d'eux, au rapport (peut-être hafardé) de
Molesworth, osât, ou voulût prononcer un
feul mot ; à la réferve du grand-maître Gersdorff
qui en abordant fa majefté ne craignit pas de lui
dire, qu'il efpéroit & croyoit fermement qu'elle
n'auroit en vue dans fon nouveau gouvernement
que le bonheur de fes fujets ; que fans doute
fes fucceffeurs fuivroient auffi toujours l'exemple
qu'il alloit leur donner, & fe feroient un honneur de n'employer le pouvoir illimité dont ils
jouiroient qu'à augmenter la force de l'état &
la profpérité des fujets. Selon le même *Molesworth*, il dit même au roi, qu'il fe flattoit *qu'il
ne les gouverneroit pas à la manière des Turcs* ;
& cette expreffion qui a paru trop peu refpec-
tueufe à quelques hiftoriens, leur a donné lieu
de douter de la réalité de ce difcours. Mais un
prince tel que Fréderic ne pouvoit s'offenfer
de ce ton de fimplicité & de franchife de la part
d'un homme qui étoit le premier de fes fervi-
teurs par fon zèle, & le premier de fes fujets
par fa dignité. Quant au fond de ce difcours, il
étoit d'ailleurs fi fort de faifon, qu'il nous femble
qu'il eût plutôt manqué au roi & à fon devoir
en reftant dans le filence qu'en parlant comme
il le fit. Il ne faut pas oublier auffi que cette

politeffe intéreffée & pufillanime qui ménage
avec tant d'art la délicateffe orgueilleufe des
grands n'étoit pas encore perfectionnée alors
comme elle l'a été depuis.

Après les fénateurs, les autres perfonnes de
l'ordre de la nobleffe, les officiers de la cour,
& fucceffivement les évêques, les profeffeurs,
les divers membres de l'ordre du clergé & de
celui des bourgeois; les députés & les magiftrats
de Copenhague, & enfin les payfans d'Amack,
prêtèrent le ferment, & furent admis à baifer
la main du roi & de la reine. La feule difféience
qui fut obfervée entre ces diverfes perfonnes,
fut qu'au rapport de Molesworth, on exigea de
chaque gentilhomme qu'il fignât de fa main une
déclaration qui contenoit fon ferment.

Cette grande & fingulière folemnité fe termina
ainfi après avoir duré près de quatre heures,
avec tout l'ordre, la bienféance & la tranquillité
imaginables; quoique, outre le grand nombre
des acteurs qui avoient repréfenté fur ce théâtre, il y eût autour d'eux une foule immenfe
de fpectateurs, la place en étant couverte ainfi
que les maifons voifines, les toits mêmes des
maifons, & les vaiffeaux d'où l'on pouvoit
fatisfaire une curiofité fi naturelle.

La nobleffe & les principaux membres des

états furent invités le même foir à un feftin fomptueux qui fut le dernier acte de cette mémorable journée ; & le lendemain les portes de la ville furent ouvertes comme à l'ordinaire. La milice bourgeoife qui depuis deux ans étoit fous les armes, & avoit fervi avec tant de zèle, de fidélité & de fuccès, ayant été affemblée fur la place devant le château fut congédiée par le roi, avec les remerciemens les plus flatteurs & les mieux mérités. Il répandit les grâces fur les principaux auteurs de la révolution ; Annibal Sehefted fut fait grand-tréforier, de Gabel, gouverneur de Copenhague, Svane eut le titre d'archevêque, mais fans autorité nouvelle, & fut fait préfident du confiftoire : Nanfen devint préfident de la magiftrature de Copenhague. Tous obtinrent des gratifications confidérables en argent. Le feld-maréchal de Schack fut créé maréchal général des deux royaumes, chevalier de l'éléphant, & préfident du confeil de guerre.

Au commencement de l'année fuivante on confirma par un nouvel acte tous ceux dont on vient de parler. Les trois ordres remirent au roi, chacun féparément, une déclaration par laquelle ils reconnoiffoient de nouveau que la couronne feroit déformais héréditaire dans la famille royale, & dans fes lignes mafculines &

féminines ; ils y conféroient au roi un pouvoir illimité, & lui donnoient le droit de régler la fucceſſion & la régence. L'acte remis par la no-bleſſe eſt figné & fcellé par tous les fénateurs du royaume, & par les chefs de toutes les familles nobles, dont cet ordre fe trouvoit alors compofé. Celui du clergé eſt figné & fcellé par tous les députés de cet ordre aux états, & par les paſteurs des paroiſſes ; & l'acte du tiers-état eſt non-feulement figné & fcellé par les députés de la bourgeoifie des villes, mais encore par les magiſtrats & les notables de chaque ville. On ne fauroit donner à des titres de cette efpèce des caractères plus authentiques, & le fceau d'un confentement plus univerfel.

Dans tous les divers actes par lefquels on avoit rendu le monarque héréditaire & tout-puiſſant, on n'avoit rien réfervé, rien ſtipulé à cet égard. Mais le roi voulut répondre à cette confiance fi grande par une égale générofité. Il commença par en faire fentir les effets à ceux qui lui avoient témoigné le plus de zèle, aux citoyens de la capitale. Il fit inviter au château les principaux magiſtrats, & leur remit un diplôme qui confirmoit & étendoit les priviléges accordés aux bourgeois de Copenhague dans le temps où les circonſtances l'avoient engagé à ne rien épargner pour ſe les attacher.

Peu de jours après, la nobleſſe fut auſſi invitée à ſe rendre au château, & là le grand chancelier, en préſence du roi, lui remit la charte de ſes priviléges, compoſée de 24 articles, ſur leſquels il ſuffit de jeter les yeux pour ſe convaincre que ſa condition reſtoit égale à celle des nobles des monarchies de l'Europe où ils ſont le plus favoriſés.

Le clergé ne fut pas oublié dans cette diſtribution de grâces & de priviléges. Les titres lui en furent remis avec la même ſolemnité qui avoit eu lieu pour les autres ordres. Et la même faveur fut accordée aux officiers de la maiſon du roi, ſelon leur rang & leurs fonctions.

Il ne reſtoit donc plus au nouveau ſouverain héréditaire, pour mettre la dernière main à l'édifice d'une monarchie floriſſante & durable, que de régler par une loi ſolemnelle, à jamais inviolable, ce qui en fait le fondement le plus ſolide, je veux dire, l'ordre de ſucceſſion qu'on doit y obſerver. Il falloit en même-temps pourvoir à la ſûreté de la religion reçue, & ſurtout y conſacrer la nouvelle forme de gouvernement ; c'eſt-à-dire, les nouveaux pouvoirs accordés à un roi qui devoit être déſormais la ſource unique

de tous les pouvoirs, de toute l'autorité & de
toutes les loix. Il falloit déterminer en consé-
quence l'âge où le monarque pourroit commencer à régner, & la manière dont en cas
de minorité on formeroit un conseil de régence
& de tutelle. Ce sont là les grands objets auxquels on pourvut, après un travail long &
assidu, & avec toute la maturité désirable, par
cette loi célèbre, qui sous le nom de *Loi Royale*
contient toute l'essence du droit public actuel
de la monarchie danoise.

L'autorité la plus illimitée est assurée par
cette loi de la manière la plus expresse & la
plus étendue au roi & à ses successeurs à perpétuité; l'ordre de la succession y est réglé avec
une clarté & une précision qui peuvent servir
de modèle, en faveur des princes & princesses
de la famille royale. La religion luthérienne est
déclarée la seule religion de l'état; la majorité
des rois y est fixée à treize ans accomplis. On
peut voir les articles moins importans dans la
loi même, dont il y a une traduction françoise
très-exacte dans les lettres sur le Dannemarc
de M. Roger, & à la fin du troisième volume
de l'histoire de Dannemarc.

Il est temps de conclure la relation de cette
mémorable révolution par des réflexions de M.
Coxe, dont je ne dois pas priver le Lecteur.

En examinant les principales circonstances qui opérèrent cette révolution, on voit que la noblesse fut la victime de son imprudence & de son obstination. Si elle avoit su céder à propos, elle eut sauvé une partie de ses priviléges, mais ayant refusé de se prêter à ce qu'on demandoit jusques à ce que son concours fût devenu presque inutile, elle ne put obtenir aucune compensation pour ce qu'elle perdoit, & elle ne se rendit qu'avec la répugnance la plus marquée. Les députés du clergé & des villes poussés par leur ressentiment contr'elle, & par la crainte d'être encore un jour soumis à sa tyrannie, pleins d'ailleurs d'admiration pour leur roi, crurent qu'il n'y avoit point de sacrifice trop grand pour lui témoigner leur confiance & leur reconnoissance. Etrange prévention qui les empêchoit de voir que sans établir un gouvernement absolu, il y avoit des moyens d'abaisser leurs oppresseurs, & d'assurer leurs propres priviléges !

Ne pouvoient-ils donc pas relâcher les liens de l'autorité royale sans les briser entièrement ? La liberté de la nation eût été suffisamment assurée si elle avoit réservé seulement le pouvoir législatif & celui d'établir les impôts aux trois ordres réunis, & on eût posé par ce moyen

dès bornes affez folides contre les ufurpations
de la couronne, & l'infolence d'une nobleffe
orgueilleufe.

Quelques perfonnes, & même un Anglois
qui a réfuté le livre de Molesworth, ont pré-
tendu que c'étoit à tort que cet auteur avan-
çoit que la monarchie danoife *étoit auffi abfolue
qu'aucune qu'il y eut dans le monde.* Mais quand
le pouvoir le plus illimité eft accordé à un roi
d'une manière auffi expreffe que celle dont la
loi royale l'attribue au roi de Dannemarc, comment peut-on ne pas l'appeler le fouverain le
plus abfolu? Je fais que les rois de Dannemarc
ont bien rarement abufé de leur autorité, que
la nobleffe avoit porté à un point exceffif fa
hauteur & fa tyrannie; mais avec tout cela,
il eût été plus heureux pour le royaume que le
pouvoir de la couronne fût refté foumis à
quelques reftrictions, que celui de la nobleffe
eût été déterminé & non anéanti, que le peuple
fût refté foumis à une monarchie limitée, & non
affujetti à une volonté arbitraire (*).

(*) Le titre du roi de Dannemarc à la fouveraineté
qu'on appelle *abfolue* eft cette même loi royale qui la
limite dans plufieurs points effentiels, & il ne peut
l'enfreindre fans détruire les fondemens mêmes de fon
pouvoir. Ainfi de quelque terme que cette loi faffe

DANNEMARC   uſage pour exprimer que ſon autorité n'eſt plus aſſujettie à celle de perſonne, il n'en eſt pas moins vrai qu'un monarque Danois ne peut ſeulement avoir la penſée de changer l'ordre de la ſucceſſion, ni la religion de l'état, ni l'époque de la majorité des rois, &c. &c. limitations qui conſtituent une vraie monarchie, & la diſtinguent eſſentiellement, non-ſeulement des états deſpotiques où le monarque peut tout changer par un acte momentané de ſa volonté, mais auſſi de pluſieurs états de l'Europe communément appelés monarchiques, où l'on chercheroit en vain une ſeule loi écrite & expreſſe ſur les points les plus fondamentaux de la conſtitution.

J'obſerverai encore qu'il n'eſt pas très-certain qu'il eût été plus heureux pour le Dannemarc d'avoir adopté la forme de gouvernement que l'auteur propoſe. Si l'Angleterre s'en trouve bien, elle l'a payée aſſez cher, & ſi elle n'étoit pas une isle elle lui eût peut-être coûté plus cher encore, ſi pourtant elle eût pu la conſerver. La Suède, après de longues agitations, n'en a plus gardé que l'ombre, & s'eſt laſſée de la réalité. Depuis la révolution de 1660, la nation danoiſe en général a été réellement plus libre qu'elle ne l'étoit depuis bien des ſiècles. Elle a ſenſiblement gagné à pluſieurs autres égards. Les plus habiles politiques ne peuvent ſouvent pas mieux nous apprendre ce qui auroit été que ce qui ſera. (*Note du Trad.*)

CHAPITRE

CHAPITRE III.

Remarques sur la population — Finances — Armée — Marine — Eglise & clergé de Dannemarc.

LA table suivante peut donner une idée de la population des états du roi de Dannemarc.

EN DANNEMARC.

Diocèse de Sélande 283,466	Nombre	
. . . . de Fionie 143,988	des habitans.	
. . . d'Arhuus. 117,942		
. . . de Rypen 99,923	785,590	
. . . d'Aalbourg 80,872		
. . . de Vibourg 59,399		
Les isles de Feroë 4,754		

EN NORVÈGE.

Diocèse d'Aggerhus ou de Chriftiania. 215,043	
. . . . de Chriftianfand 113,024	
. . . de Bergen 130,352	623,141
. . . de Drontheim 164,722	

ISLANDE.

Diocèse de Scalholt. 34,605	46,590
. . . de Holum 11,985	
Duché de Sleswick 243,605	
Duché de Holftein 219,737	

Total 1923,417

  Observations du Traducteur.

On ne nous apprend point quand cette table a été dreffée. Cela eft cependant important à favoir puifque la population du Dannemarc s'accroît fenfiblement.

Les auteurs Danois qui ont fait des recherches fur ce fujet eftiment que la population de tous les états du roi en Europe fe montent à deux millions & demi d'habitans, dont celle du Dannemarc proprement dit ne fait pas la moitié, mais feulement 1100,000. Les fondemens de cette eftimation font expofés avec beaucoup d'étendue dans l'ouvrage danois intitulé: *Balance économique*, par *Eutropius Philadelphus*.

Suivant une lifte que j'ai fous les yeux, & qui comprend le nombre annuel des morts & des naiffances en Dannemarc & en Norvège, depuis 1746 jufqu'en 1765; il y a eu en Dannemarc, (le duché de Holftein non compris) pendant ces vingt années 504,229 naiffances & 486,131 morts. Ainfi l'excédent du nombre des naiffances fur celui des morts a été de 18,098. En Norvège pendant les mêmes vingt années il y a eu 439,335 naiffances, & 346,543 morts, & le nombre des naiffances a furpaffé celui des morts de 96,792. On peut juger par-là

des progrès que la population doit faire annuellement dans les deux royaumes, & conféquem-
ment de ceux du commerce & de l'agriculture,
de la douceur du gouvernement, de la falubrité
de l'air & de la bonne conftitution des habitans, particulièrement en Norvège.

L'évèque Pontoppidan prouve par de bonnes
raifons que ces progrès de la population ont
commencé depuis plus d'un fiècle, c'eft-à-dire,
qu'ils fe font rendus fenfibles peu de temps
après l'époque de l'établiffement de la monarchie héréditaire & abfolue. C'eft ce que j'ai
voulu dire en obfervant à la fin du chapitre
précédent que le Dannemarc avoit gagné à plus
d'un égard par cette révolution que quelques
écrivains ont peinte de couleurs fi odieufes.
Il feroit difficile de fe perfuader qu'une nation ait lieu de gémir d'un changement à la
fuite duquel elle eft devenue plus floriffante &
plus nombreufe. Il eft très-vrai en général &
très-aifé à dire, que le defpotifme eft le fléau
du genre humain, & que la liberté en fait la
gloire & le bonheur, mais il faut bien définir
ces mots quand on en fait une application particulière, & favoir de quelle forte de liberté &
de quel degré de defpotifme on veut parler.

Les revenus du Dannemarc découlent principalement des douanes, des droits fur les marchandifes exportées & importées, de l'accife fur les denrées & les liqueurs, de la capitation dont les Norvégiens, & les habitans d'Altona & de Bornholm font exempts, de la taxe fur les rangs, les places, les penfions, les profits cafuels, de la taxe des terres, des revenus des domaines royaux, des permiffions de tenir des cabarets, de diftiller des liqueurs, de chaffer dans les parcs du roi, du loyer de plufieurs fermes & fcies, des revenus des mines, du droit fur le papier timbré, le tabac à fumer, les cartes, &c.

Bufching qui a donné au public un état très-exaĉt des finances de Dannemarc en 1769, (à ce que j'ai fu par des perfonnes très-verfées dans ces matières) nous apprend que la groffe recette produifit cette année-là 1,252,454 liv. fterling. Il nous a auffi donné un état également exaĉt des dépenfes de la même année, qu'il fait monter à 936,130 liv. fterlings. L'armée couta 350,000 liv. fterl., & la flotte 180,000. En 1771 les dettes ne fe montoient qu'à 3,418,609 livres fterlings, dont l'intérêt annuel étoit de 131,392 livres qu'il faut ajouter aux dépenfes de l'année.

L'armée eſt compoſée 1°. des troupes de Dannemarc & de Holſtein: 2°. de celles de Norvège.

Celles de Dannemarc ſont des troupes réglées & des milices ou régimens nationaux. Elles ne forment pas des régimens diſtincts, comme en Angleterre, à la réſerve des gardes à pied & à cheval qui ſont toujours troupes réglées. Voici ſur quel pied ſont ces troupes.

Avant la dernière augmentation chaque régiment d'infanterie quand il étoit complet, étoit compoſé de vingt-ſix officiers, & mille ſix cent trente-deux ſoldats diviſés en dix compagnies de fuſiliers & deux de grenadiers. De ces mille ſix cent trente-deux ſoldats, quatre cent quatre vingt étoient ſur le pied de troupes réglées, & la plupart des étrangers enrôlés en Allemagne. Les mille cent cinquante-deux autres ſont des miliciens qui reſtent dans les terres de leurs ſeigneurs, car chaque terre eſt tenue de fournir un certain nombre d'hommes à proportion de ſon étendue.

Ces troupes nationales ſont exercées en petits corps, les dimanches & jours de fête, & on tient aſſemblées chaque année toutes celles d'un diſtrict pendant dix-ſept jours.

Il n'y a pas long-temps que chaque compagnie a été augmentée de dix hommes, en ſorte qu'un régiment d'infanterie eft fort aujourd'hui de mille fept cent foixante dix-huit hommes, les officiers compris. Cette augmentation a porté la dépenfe pour chaque régiment de 6000 à 8000 livres fterlings.

La cavalerie eft fur le même pied. Chaque régiment eft compofé de dix-fept officiers & de cinq cent foixante-fept cavaliers, formant cinq efcadrons; fur ce nombre il y en a deux cent foixante de réguliers, & le refte eft de nationaux.

Les régimens des gardes à pied & à cheval font fur le pied régulier. Le premier eft compofé de vingt-un officiers & de quatre cent foixante-cinq hommes, faifant cinq compagnies. Le fecond de fept officiers & cent cinquante-quatre cavaliers en deux efcadrons.

L'armée de Norvège eft toute compofée de milice excepté les deux régimens de Sundenfield & de Nordenfield. Et comme les payfans de ce royaume font tous libres on les enrôle d'une manière différente. La Norvège eft divifée en un certain nombre de diftricts dont chacun fournit un foldat. Tout payfan en naiffant eft enrôlé pour la milice, & le premier qui eft fur la lifte remplit la place vacante pour le diftrict auquel il appartient. Après avoir fervi de dix à quatorze ans il eft admis parmis les invalides, &

quand il eſt le plus âgé de ſon corps il a ſon
congé. Ces troupes ne ſont pas toujours ſous
les armes; on les exerce ſeulement de temps en
temps, comme en Dannemarc. Les officiers ont
une paie fixe, preſqu'égale à celle des officiers
des troupes régulières. Mais les ſoldats ne reçoi-
vent rien, excepté quand ils ſervent, ou qu'ils
font leurs manœuvres annuelles.

L'académie des cadets de terre fondée par le
roi Fréderic IV fournit des officiers à l'armée.
On y enſeigne aux fraix du roi tout ce qui
peut être utile à un militaire.

ÉTAT DE L'ARMÉE DE DANNEMARC.

Infanterie de Dannemarc & de Holſtein, régulière
& nationale.

Régiment des gardes à pied, régulier . . 486

. . . . royal Danois, mixte . . . 1778

. . . . royal Norvégien, mixte. . . 1778

. . . . du roi, mixte 1778

. . . . de la reine, mixte 1778

. . . . du prince royal, mixte. . . 1778

. . . . du prince Fréderic, mixte . . 1778

. . . . de Jutlande, mixte 1778

. . . . d'Oldenbourg, mixte . . . 1778

. . . . de Bornholm, mixte. . . . 1778

F iv

Régiment de Sleswick, mixte 1778

. . . . . de Holſtein, mixte 1778

. . . . . de Falſter, mixte. 1778

. . . . . de Mœne, mixte. 1778

. . . . . de Delmenhorſt 1778

Total de l'infant. de Dannem. & de Holſt. 25,378

Infanterie de Norvège.

Régiment de Sundenfield, régulier . . 1376

. . . . . de Nordenfield, régulier . . 1376

. . . . . 1er. d'Aggerhuus, national. . 1956

. . . . . ſecond d'Aggerhuus, nat. . . 1956

. . . . . 1er. de Smalchen, nat. . . 1800

. . . . . ſecond de Smalchen, nat. . . 2082

. . . . . 1er. de Drontheim, nat. . . 2082

. . . . . ſecond de Drontheim, nat. . 1916

. . . . . troiſième de Drontheim, nat. . 2089

. . . . . premier d'Oplande, nat. . . 2075

. . . . . ſecond d'Oplande, nat. . . . 1916

. . . . . premier de Bergen, nat. . . 1916

. . . . . ſecond de Bergen, nat. . . . 1916

. . . . . premier de Veſterbeck, nat. . 1916

. . . . . ſecond dit, nat. 1916

Corps de troupes légères, nat. 960

Régiment d'artillerie, mixte. 2771

Ingénieurs, réguliers 34

Total de l'infanterie de Norvège . . 31053

Cavalerie danoife & de Holftein.

Régiment des gardes à cheval, régulier. . 161
. . . . . royal Danois, mixte 582
. . . . . . Norvégien, mixte . . . 582
. . . . . premier de Sélande , mixte . . 582
. . . . . fecond de Sélande, mixte. . . 582
. . . . . de Jutlande, mixte. 582
. . . . . de Fionie, mixte 582
. . . . . de Sleswick , mixte 582
. . . . . de Holftein , mixte. 582

Cavalerie de Norvège.

Premier régiment de dragons, national : 1168
Premier de Sundenfield , nat. 1168
Second de Sundenfield , nat. 1168
Troifième dit, nat. . . . . . . : 1079
Régiment de Nordenfield , nat. 1079

    Total de la cavalerie de Dannemarc
    & de Norvège 10478
    Total de l'infanterie 56431

    Total de l'armée danoife 66909

Le Dannemarc étant tout compofé d'isles &
de prefqu'isles , les Danois ont toujours été
d'excellens marins. Dans les anciens temps ,
lorfque la piraterie étoit une profeffion honorée

DANNEMARC ils l'exerçoient avec un grand fuccès, & la conquête de la Normandie & de l'Angleterre en font la preuve. Et quoique dans la fuite d'autres nations aient déployé une plus grande puiffance fur mer, les Danois poffédant une grande étendue de côtes font très-exercés dans la navigation, & font certainement la nation du Nord qui a le plus grand nombre de marins & les marins les plus experts. Pendant mon féjour à Copenhague, je vifitai la doque ou baffin des vaiffeaux, & j'examinai avec beaucoup d'attention la flotte qui eft à l'ancre dans le port. Je vais faire part au lecteur du réfultat de mes obfervations.

Il en coûte ici 200 liv. fterl. par canon pour conftruire le corps d'un vaiffeau, & jufques à 1000 pour l'équiper complètement & l'approvifionner pour quatre mois. La plus grande partie des bois de chêne vient des états du roi de Pruffe. Il y en a auffi en Holftein, mais non pas en quantité fuffifante, & on le garde pour les cas de néceffité.

On fait en Norvège tous les ouvrages de fer, les canons, les boulets, &c. Le lin, le chanvre, les mâts viennent de Ruffie, la poix & le goudron de Norvège & de Suède. Il y a en Dannemarc des manufactures de toiles à

voile & de cordes, mais elles ne fuffifent pas
aux befoins de la flotte. Le furplus vient de
Ruffie & de Hollande.

La plus grande partie de la flotte eft dans le
port de Copenhague qui eft enfermé dans l'en-
ceinte fortifiée de cette ville. Comme il n'a que
vingt pieds de profondeur, on ne laiffe fur les
vaiffeaux qu'un rang de canons, & ils prennent
le refte quand ils fortent. Outre de vaftes magafins, chaque vaiffeau a fon arfenal particulier
vis-à-vis de la place qu'il occupe dans le port,
enforte qu'il peut être équipé dans un moment.

On compte 14600 matelots enclaffés. Il y en
a de deux fortes. Les premiers font des habitans
des côtes qui peuvent s'engager fur des vaiffeaux marchands, quelque voyage qu'ils faffent.
On leur paie annuellement 8 shilling d'Angleterre par tête, mais ils font obligés de revenir
en cas de guerre. Les autres font conftamment
au fervice du roi. On en compte environ 4000
diftribués en quatre divifions ou 40 compagnies.
Ils fe tiennent à Copenhague pour le fervice
ordinaire de la flotte, & ils travaillent dans les
chantiers. On leur paie 8 f. par mois quand
ils ne font pas en mer, outre une quantité
fuffifante de farine & d'autres provifions; ils
font habillés complètement tous les deux ans,

& on leur donne toutes les années des culottes, des bas, des fouliers & un chapeau. Quelques-uns font logés dans les cafernes. Quand ils font en mer, leur paie eft portée à 20 f. par mois. L'artillerie de la marine eft compofée de 800 hommes en quatre divifions.

État de la flotte Danoife en 1779.

VAISSEAUX DE LIGNE.

	Noms.	Canons.	Station.	Ann. de leur conftr.
1	Chrétien VII	90	Copenhague	1767
2	Le Superbe	80		1768
3	Sophie-Fréderique	74		1775
4	La Juftice	74		1777
5	Le Vandale	70	vaiff. de parade.	1777
6	La reine Louife	70		1744
7	Copenhague	70	condamné.	1744
8	La reine Juliane	70	condamné.	1752
9	Le prince Royal	70		1756
10	Le Dannemarc	70		1757
11	La Jutlande	70	Dans la mer du Nord	1760
12	Le prince Fréderic	70	Copenhague	1761
13	Le Sund	70		1766
14	Le lion du Nord	70		1765
15	L'Eléphant	70		1769
16	L'Oldenbourg	60	condamné	1740
17	L'étoile du Nord	60	v. de parade	1746
18	La Sélande	60	v. de p.	1750
19	Le Neptune	60	v. de p.	1750
20	La Stormarie	60	idem.	1752

Noms.	Canons.	Station.	Ann. de leur conftr.	
21 L'Islande.	60	vaiff. de parade.	1751	DANNEMARC
22 La Victoire	60		1754	
23 La pr. Sophie-Mad.	60		1763	
24 La pr. Wilhelmine.	60		1764	
25 Le Dannebrog.	60		1772	
26 Le Holftein	60		1772	
27 La Wagrie	60		1773	
28 L'Indigénat	60		1776	
29 Le Dithmarfe	50	condamné	1742	
30 Le Delmenhorft	50	condamné	1743	
31 Ebenezer	50	Mer du Nord.	1758	
32 L'Ortie.	50	condamné. Copenhague.	1746	
33 La Fionie	50		1746	
34 La Grœnlande.	50	Mer du Nord.	1756	
35 Sainte-Croix	50	Mer du Nord.	1758	
36 Le Mars	50	Copenhague.	1760	
37 Le Sleswick	50		1766	
38 Le Difco	44		1778	

FRÉGATES.

	Noms.	Canons.	Station.	Ann. de leur conftr.
1	La Perle	34	Copenhague.	1772
2	Le Kiel	36		1775
3	Le Bornholm	36		1774
4	Le Mœne	36		1777
5	Le Cronembourg	34		1776
6	Le Chriftiania	34		
7	Docken	34		
8	Le Mœne	28		1752
9	L'Aigle bleu	30		1753
10	Le Sauvage	18		1754
11	Le Chriftiansbourg	34	Dans la mer du Nord	1758
12	Le Cheval marin.	18	Copenhague.	1758

	Noms.	Canons.	Station.	Ann. de leur confir.
DANNEMARC	13 Le Langeland .. 18		. Copenhague.	. 1758
	14 Le Falfter..... 30			. 1760
	15 La Syrène			
	16 Le Tranquebar ... 34			. 1761
	17 L'Alfen			
	18 Le Chriftiania... 30			. 1766
	19 Le Feroë 34			. 1766
	20 Le Samfoë..... 22			. 1770

PIERRIER.

L'Aigle Iacht royal . 26 1756

GALIOTES A BOMBES.

La bravoure. La Sérieufe. La Comète.
Le Courage. Le Dragon.

RÉCAPITULATION.

Trente - huit vaiffeaux de ligne, y compris
neuf de 50 canons & un de 44 & vingt frégates. Mais fi nous exceptons ceux qui font
condamnés, & ceux qui ne peuvent plus fervir
que pour la parade, nous dirons qu'en 1779
la flotte danoife n'étoit forte que de 25 vaiffeaux de ligne & de 15 frégates en état de
fervice, nombre très - fuffifant pour la fituation
du Dannemarc, & fi l'on joint à cela que les
matelots & officiers en font excellens, on pourra
regarder ces forces maritimes comme auffi

confidérables que celles d'aucune nation du
Nord.

Un vaiffeau de quatre-vingt dix canons entièrement équipé eft monté de huit cent cinquante
hommes. Un de foixante dix de fept cent. Un
de foixante-quatre de fix cent. Un de cinquante
de quatre cent cinquante. Une frégate de trente-
fix canons de deux cent cinquante. La plus
grande partie de cette flotte eft ftationnée à
Copenhague. Il y a quatre ou cinq vaiffeaux
dans les ports de Norvège; une frégate à Elfeneur, une autre fur les côtes de Fionie, un
petit vaiffeau dans l'Elbe, & une ou deux frégates annuellement en croifière.

L'année 1779 qui eft celle de l'établiffement
de la neutralité armée, les puiffances du Nord
armèrent une partie de leurs vaiffeaux. L'arme-
ment du Dannemarc confiftoit en dix vaiffeaux
de ligne, quatre frégates, & deux chaloupes de
vingt canons. On pourvut à la dépenfe par un
droit additionnel d'un pour cent fur toutes les
importations, & de demi pour cent fur les expor-
tations. Les équipages confiftoient en mille matelots employés, trois mille cinq cent enclaffés
des provinces, & mille ordinaires.

L'académie des cadets de marine fondée par
Fréderic IV en 1701 eft la pépinière des officiers

de cette flotte. On y entretient soixante cadets aux dépens du roi, & on leur enseigne la théorie de la navigation. Chaque année ils vont en croisière à bord d'une frégate. Outre ces soixante cadets on y admet d'autres jeunes gens qui y sont instruits sous le nom de volontaires à leurs propres dépens.

La religion établie en Dannemarc est la luthérienne. La hiérarchie de cette église est composée de douze évêques ou surintendans, dont six en Dannemarc, quatre en Norvège & deux en Islande. (Il faut ajouter les surintendans des duchés de Sleswick & de Holstein). Il n'y a point d'archevêque dans le royaume; mais l'évêque de Sélande qui est le premier en rang, & celui d'Aggerhus ou de Christiania en Norvège font les fonctions de métropolitains.

Les revenus de ces évêchés sont comme il suit. En Dannemarc celui de Sélande a 1000 liv. sterl. Celui de Fionie 760; celui d'Arhuus 600, celui d'Albourg 400; celui de Rypen 400. En Norvège celui de Christiania 400; celui de Christiansand 600; celui de Bergen 400; celui de Drontheim 400. L'évêque de Scalholt en Islande en a 150; celui de Holum 150. On fait si peu de dépense en Islande que ces deux derniers

derniers évêques font peut - être dans le fait auffi
riches que les autres.

Les autres eccléfiaftiques font des prévôts ou
archidiacres, des curés & des chapelains. Chaque diocèfe comprend un certain nombre de
diftricts foumis à l'infpection des prévôts. Chaque diftrict eft divifé en paroiffes. Une grande
paroiffe a outre l'églife principale une ou plufieurs chapelles qui en dépendent. Les curés
font payés principalement en dixmes, terres,
& argent. Quelques-uns ne le font que des
contributions volontaires de leurs paroiffiens.
Le prix des denrées & d'autres circonftances
font que leurs revenus ne font pas égaux partout. En Dannemarc il y a peu de cures qui
rendent plus de 150 liv. fterl. & moins de 60,
excepté en Jutlande où il y en a un petit nombre qui valent à peine 20 liv. fterl. En Norvège
les meilleures font de 200 liv. fterl., les plus
petites de 60. En Islande quelques cures ne
valent que 3 à 4 liv. fterl. par an. La veuve
d'un curé jouit ordinairement du revenu de la
cure pendant l'année qui fuit la mort de fon mari,
& on retient à fon fucceffeur la huitième partie de fon revenu pour lui affurer de quoi vivre.

CHAPITRE IV.

Univerfité de Copenhague — Académie royale des Sciences — Société royale pour les langues & l'hiftoire du Nord — Écoles latines en Dannemarc — De la littérature Islandoife — Flora Danica — Œder & Muller — Ouvrage de Regenfufs fur les coquilles , &c. &c.

ENTRE plufieurs établiffemens en faveur des fciences, on remarque à Copenhague une univerfité, & une académie des fciences.

DANNEMARC

L'univerfité a été fondée en 1479 par Chrétien I (*). Elle a depuis été augmentée & riche-

___

(*) On peut être d'abord furpris de ce qu'une nation qui a toujours aimé les fciences a eu fi tard dans fon fein une univerfité. Mais l'étonnement ceffe quand on apprend que les papes n'avoient pas voulu permettre qu'on en établît une en Dannemarc, & dès-lors on s'étonne feulement de ce qu'il y a eu des rois & des peuples affez patiens pour fouffrir qu'un étranger pût leur donner ou leur refufer à fon gré le droit de s'éclairer & de cultiver les fciences. C'eft là fans doute un grand exemple de l'empire que l'opinion , ou plutôt la fuperftition peut prendre fur les efprits.

Eric VII avoit déjà follicité une pareille grâce. Mais le pape ne lui permit de faire enfeigner en Dannemarc

ment dotée par fes fuccefeurs. Chrétien III en particulier fut fon plus grand bienfaiteur. Ce prince la forma fur un nouveau plan, & lui donna de nouveaux réglemens bien propres à ranimer le goût des fciences, & à faciliter les moyens d'en répandre la lumière. Aujourd'hui cette école a un fond confidérable. Les profeſſeurs ont de bons appointemens, & un nombre confidérable d'étudians font entretenus gratuitement. (*)

L'académie royale des fciences doit fon infti-

que les fciences *mondaines*, & il mit d'autres reftrictions à cet acte de bonté qui le rendirent inutile. Chrétien I dans fon voyage à Rome y témoigna tant de docilité & de refpect au pape & aux cardinaux qu'ils ne purent fe réfoudre à lui refufer la permiſſion de faire enfeigner toutes les fciences & la théologie en particulier dans fes états. (*Note du Trad.*)

(*) L'Auteur nomme ici Chrétien VI comme le bienfaiteur de l'univerfité. C'eft fans doute une faute d'impreſſion. Chrétien III en établiſſant dans fes états la religion proteftante fut conduit naturellement à réformer l'univerfité & à l'enrichir. Son fils Fréderic II lui fit auſſi beaucoup de bien, & divers riches particuliers lui ont légué de grandes fommes pour fubvenir aux befoins des pauvres étudians. Le lecteur qui défirera de plus grands détails fur ce fujet les trouvera dans les lettres de M. Roger fur le Dannemarc. *T. II, Lett.* XVII. (*Note du Traduct.*)

tution au zèle de fix perfonnes favantes que Chrétien VI chargea en 1742 de mettre en ordre fon cabinet de médailles. En s'affemblant pour cet objet leurs vues s'étendirent ; elles s'affocièrent d'autres favans diftingués dans diverfes branches des fciences , & formèrent une efpèce de fociété littéraire qui s'occupa principalement de l'hiftoire & des antiquités du Nord. Le comte de Holftein, miniftre d'état, devint le protecteur de cette fociété , & la recommanda fi fortement au roi Chrétien VI qu'il la prit fous fa protection, lui donna le titre d'académie royale des fciences , lui affigna un fond, & ordonna à fes membres de continuer leurs recherches fur des matières d'hiftoire naturelle, de phyfique & de mathématique. Encouragés par toutes ces faveurs, les membres de cette académie recommencèrent leurs travaux avec une nouvelle ardeur, & ils publièrent quinze volumes de mémoires en langue danoife, dont une partie a été traduite en latin.

Dans le même temps quelques perfonnes formoient une autre fociété deftinée à cultiver les langues & l'hiftoire du Nord. Langebeck étoit à leur tète, & il s'eft beaucoup diftingué depuis par les ouvrages qu'il a plubliés fur l'hiftoire. Les membres de cette fociété travaillèrent à for-

mer une collection de manufcrits, de livres,
de médailles & d'autres curiofités littéraires, &
ils formèrent de leur bourfe un fond deftiné à
foutenir cet établiffement. D'autres perfonnes
s'étant jointes à ces premières, Chrétien VI
érigea cette fociété particulière en fociété royale,
& lui donna un appartement dans le château
de Charlottenbourg à Copenhague. Ses travaux ont répondu à la protection qui lui a
été accordée ; elle a donné au public divers
ouvrages qui répandent beaucoup de jour fur
l'hiftoire de Dannemarc. Le corps diplomatique
de cette hiftoire, publié en plufieurs volumes
in-folio par Langebeck, eft fans doute le plus
précieux de ces ouvrages (*). Le même auteur
a travaillé auffi à un grand dictionnaire de la
langue danoife.

Outre l'univerfité de Copenhague & celle de

(*) Ce favant, né en Jutlande en 1710, avoit voyagé
aux dépens du roi pour rechercher tout ce qui pouvoit
contribuer à éclaircir l'hiftoire de Dannemarc, & fon
voyage n'a pas été infructueux. Il a été imprimé auffi
aux dépens de S. M. fous le titre de *Scriptores rerum
danicarum medii ævi*, en plufieurs volumes *in-folio*.
L'auteur eft mort en 1776, & M. *Suhm* célèbre par
fes ouvrages fur les antiquités & l'hiftoire du Nord le
continue avec le même foin & le même fuccès.
(*Note du Traducteur.*)

G iij

Kiel en Holſtein, il y a une académie à Sora en Sélande, deux colléges, l'un à Odenſée, & l'autre à Altona, & un ſéminaire pour les Lapons à Bergen en Norvège. Pluſieurs écoles latines y ſont entretenues aux fraix de l'état; on en compte dix-neuf dans le Dannemarc proprement dit, onze dans le duché de Sleswick, ſeize en Holſtein, quatre en Norvège, deux en Islande. Les appointeſnens des régens ſont de 60 à 200 livres ſterlings.

Dans chaque paroiſſe il y a auſſi deux ou trois écoles où l'on enſeigne à lire & à écrire en langue danoiſe & à chiffrer. Je ne dois pas non plus omettre deux écoles fondées à Copenhague en faveur de la pauvre nobleſſe. L'une eſt deſtinée aux garçons & on leur y enſeigne l'hiſtoire, la géographie & l'arithmétique, les langues allemande, françoiſe & angloiſe. L'autre eſt deſtinée aux filles de la même condition.

Les ſavans danois s'occupent avec prédilection de recherches ſur l'hiſtoire & les antiquités du Nord; & ils ont déjà publié pluſieurs ouvrages curieux ſur ce ſujet. Ils en préparent d'autres qui ne le feront pas moins. Les noms des Bartholin, de Wormius, de Gramm, de Torfæus, de Holberg, ſont célèbres depuis long-temps. Ce ſiècle doit des ouvrages intéreſſans aux tra vaux de Pontoppidan , de Langebeck , de Schœning, de Carstens, de Suhm, &c. qui ont répandu une nouvelle lumière sur plusieurs points de l'histoire & des antiquités du Nord.

Plusieurs fragmens originaux de l'ancienne poésie & mythologie du Nord ont été dernièrement tirés de l'oubli, & traduits & publiés en Dannemarc, par les savans qu'on vient de nommer, ou par d'autres personnes versées dans la connoissance de la langue & la littérature islandoise. Ils confirment ce que l'on a déjà lu dans des livres connus sur la religion des anciens peuples du Nord, leur culte, leurs mœurs, leur poésie & leurs origines, & sont une nouvelle preuve du goût qui portoit les Islandois à cultiver ces branches de la littérature, dans un siècle où presque toutes les nations de l'Europe étoient plongées dans l'ignorance & la barbarie. On sait quel soin ils prirent de recueillir toutes les traditions & les poésies historiques de leur isle & des royaumes voisins ; que dès le onzième siècle ils eurent des écrivains éclairés qui les rédigèrent & s'en servirent pour compiler des chroniques , & que ces chroniques ont les sources les plus anciennes & les plus sûres de l'histoire des trois royaumes du Nord. Leurs auteurs ont précédé de plusieurs années les plus

anciens hiſtoriens danois, norvégiens & ſuédois.
La chronique de *Snorro Sturleſon* eſt ſurtout un
ouvrage très - eſtimable. Cet auteur nâquit en
Islande en 1178, & fut le premier magiſtrat de
cette isle qui ſe gouvernoit alors en forme de
république; il y périt en 1241 à la ſuite d'une
émeute. Sa chronique des rois de Norvège vient
d'etre de nouveau publiée (en 1778) avec l'hiſtoire de ſa vie, & beaucoup de remarques inſ-
tructives par M. Schœning, ſavant norvégien
très-verſé dans les antiquités du Nord.

    " Il n'eſt pas trop aiſé de comprendre com-
   ,, ment une nation auſſi iſolée, auſſi pauvre,
   ,, auſſi peu nombreuſe que les Islandois, vivant
   ,, ſous un climat auſſi ingrat, & dans un ſiècle
   ,, auſſi ignorant a pu faire briller au travers de
   ,, tant d'obſtacles & de barbarie ce rayon de
   ,, goût pour les lettres. Peut-être faut-il cher-
   ,, cher la cauſe de ce phénomène moral dans la
   ,, pauvreté même des Islandois, qui en engageoit
   ,, pluſieurs à chercher des reſſources dans les
   ,, cours des princes du Nord, ou dans la nature
   ,, du gouvernement républicain qu'ils avoient
   ,, établi dans leur isle, & dans lequel le don
   ,, de la parole eſt un mérite utile que chaque
   ,, citoyen s'efforce d'acquérir ,, (*).

____

(1) Voy. Introduct. à l'hiſtoire de Dannemarc, *p.* 243.

On peut ajouter à ces caufes la tranquillité politique de l'Islande, qui reftant inébranlable au milieu des commotions civiles dont les nations voifines étoient agitées, laiffoit aux habitans tout le loifir néceffaire pour cultiver les fcien-ces; & l'on peut croire auffi que leur climat y a contribué en les obligeant à chercher des occupations qui fiffent diverfion à la trifteffe des ténébreufes nuits de leurs longs hivers (*).

Les ouvrages compofés par les Islandois font en grand nombre. Ils font écrits dans leur lan-

____

(*) Cette dernière conjecture peut paroître affez fondée, quoiqu'il foit toujours fingulier que dans les autres pays du nord où les nuits ne font pas moins longues on fongeât fi peu à fe faire de pareilles ref-fources. A l'égard de la *tranquillité politique* de l'Is-lande, elle ne peut, je penfe, pas être confidérée comme une caufe du goût des Islandois pour l'étude, puifque loin d'être *tranquilles* ils furent agités par des diffentions continuelles auffi long-temps que leur gouvernement fut républicain. *Snorron* le meilleur de leurs auteurs en fit la trifte expérience, comme on vient de le re-marquer. On pourroit peut-être dire avec plus de fon-dement que ce fut cette *agitation* continuelle où la démocratie tenoit tous les efprits qui leur donna de l'énergie & leur infpira le défir de fe diftinguer par le favoir & l'éloquence. Ce qui rendroit cette conjecture plus vraifemblable, c'eft que dès que la nation fut fou-mife aux rois de Norvège elle perdit une grande partie de fa réputation littéraire. (*Note du Trad.*)

DANNEMARC

gue qui étoit celle de la Norvège, dont ils fortirent dans le neuvième fiècle pour s'établir dans leur isle. Ils ont confervé cette langue avec moins d'altérations que les autres nations du Nord, parce qu'ils ont eu peu de communication avec les étrangers. Quelques-uns de leurs livres ont été imprimés en Islande même, d'autres en Suède, la plus grande partie l'a été en Dannemarc avec des traductions. Il en refte encore un affez grand nombre qui n'a pas été publié (*).

Les favans Danois ne fe font pas bornés cepen-

(*) Il y a un catalogue fort exact des livres iſlandois dans les lettres fur l'Islande de M. de *Troïl*, eccléfiaftique fuédois qui a voyagé dans cette isle avec le célèbre M. *Banks*. M. Coxe nous apprend dans une note qu'il y a près de 180 manufcrits islandois dans le mufée de Londres. Il y en a beaucoup auffi dans des bibliothéques de Suède & furtout de Dannemarc. Mais la plupart font des copies des mêmes livres, & parmi ces livres les meilleurs font déjà imprimés & connus. Le très-grand nombre de ceux qui ne le font pas mérite peu d'attention. Ce ne font que des traductions de chroniques ou de romans du moyen âge, ou des contes empruntés des anciennes poéfies du nord remplis de merveilleux & de beaux faits d'armes. Le comte de *Plelo* ambaffadeur de France en Dannemarc qui en fit traduire quelques-uns n'ayant pas fait un choix heureux fe laffa bientôt de ces recherches. (*Note du Trad.*)

dant à l'étude de l'histoire du Nord ; celle de
la nature a été pour plusieurs d'entr'eux le

sujet de beaucoup de recherches utiles & importantes.

Tout le monde connoît ceux qui dans les
deux derniers siècles se sont acquis la réputation
la plus brillante & la mieux méritée ; *Tycho Brahé*
qui contribua tant à la révolution qui fit changer de face à l'astronomie ; *Longomontan* son
disciple, digne d'un si grand maître ; *Rœmer* autre
astronome célèbre par des découvertes importantes ; *Gaspard Bartholin* & ses fils, anatomistes
du premier rang (*) ; *Wormius* anatomiste &
littérateur profond ; *Borrichius*, chymiste ; *Wins-
low* dont l'éloge est dans les mémoires de l'académie des sciences de Paris. Les règnes de
Chrétien III, de Fréderic II & de Chrétien IV,
ne sont pas seulement distingués par le nombre
des savans de profession qu'ils firent éclorre,
mais par l'estime où les sciences étoient dans
les cours de ces princes, le zèle avec lequel les

(*) Il y a peu d'exemples dans l'histoire littéraire
d'une famille telle que celle des *Bartholin*. Elle a produit seize auteurs estimés en trois générations, dont
six étoient frères. On en distingue trois ou quatre qui
étoient comptés à juste titre parmi les hommes les plus
savans de leur siècle. (*Note du Trad.*)

perſonnes les plus diſtinguées de la nobleſſe les cultivoient & les prótégeoient à leur exemple.

Dans ce ſiècle le règne de Fréderic V ne leur a pas été moins favorable (*). Ce prince n'épar‑gnoit rien pour les encourager par d'utiles établiſſemens. Il établit en 1753 un jardin bota‑nique à Copenhague, & voulut qu'on travaillât à une deſcription de toutes les plantes de Dan‑nemarc avec des gravures. M. Œder, profeſ‑feur de botanique & directeur du jardin des plantes, fut chargé de cette entrepriſe. Il par‑courut d'abord pour cet effet tout le Dannemarc & la Norvège aux fraix du roi, & commença en 1762 à publier quelques parties de ſon ouvrage.

Il doit contenir ſous le titre de *Flora Danica*

(*) Ce prince fut fecondé dans un grand nombre de belles entrepriſes & d'établiſſemens utiles par de ſages miniſtres & en particulier par le comte de Bemſ‑torff, trop connu dans toute l'Europe par ſon habileté, ſon génie & ſes rares vertus, pour que je m'étende ici ſur un éloge qui ne pourroit rien ajouter à ſa gloire. Le comte de Moltke employa auſſi dans plus d'une occaſion le crédit dont il jouiſſoit, en faveur de l'in‑duſtrie, des talens & furtout des beaux arts. C'eſt à lui qu'eſt dûe principalement l'école de deſſin & l'aca‑démie de peinture, de ſculpture & d'architecture fon‑dées à Copenhague en 1754. (*Note du Trad.*)

des deſſins de toutes les plantes qui croiſſent dans les états du roi de Dannemarc, depuis l'Elbe juſqu'en Islande & au cap du Nord, étendue de pays qui renferme plus de ſeize degrés. L'auteur doit auſſi y joindre une deſcription de ces plantes. En 1782 le public étoit déjà en poſſeſſion de quinze cahiers de cet ouvrage faiſant cinq volumes, & contenant neuf cent planches. L'ouvrage entier doit renfermer dix-huit mille eſpèces, & l'exactitude n'en eſt pas moins grande que la magnificence. M. Œder eſt un élève du célèbre Haller, ſous lequel il a fait ſes étudès à Gœttingen. Il a publié des élémens de botanique très-eſtimés, dans leſquels il propoſe un nouveau ſyſtème pour la claſſification des plantes. Cette ſcience & les autres branches de l'hiſtoire naturelle n'ont pu que perdre beaucoup au parti qu'a pris ce ſavant, de ſortir de cette carrière pour paſſer à des emplois plus élevés.

La continuation de cet ouvrage a été confiée au Dr. Othon Fréderic *Muller*, très-juſtement célèbre par pluſieurs traités ſur diverſes parties de l'hiſtoire naturelle, & en particulier par ſon *Hiſtoire des vers* & un grand nombre d'obſervations nouvelles ſur les inſectes. Il travaille à préſent ſous la protection la plus puiſſante à une zoologie danoiſe, qui contiendra des deſſins &

des defcriptions de tous les animaux rares de Dannemarc. Il en a déjà paru quelques parties.

Je ne dois pas quitter ce fujet fans faire connoître un autre ouvrage d'hiftoire naturelle entrepris en Dannemarc, & le plus magnifique de ce genre qui ait paru chez aucune nation. C'eft un recueil ou choix des coquillages les plus rares, en deux volumes *in-folio* , gravés & enluminés aux dépens du roi par M. Regenfufs. Le premier volume, le feul que j'aie vu , contient une courte defcription des cabinets d'hiftoire naturelle, & particulièrement de coquillages qui font en Dannemarc, un difcours préliminaire fur la conchiliologie, & douze planches repréfentant foixante dix-huit figures colorées de la plus grande beauté avec des defcriptions en latin, en françois & en allemand.

Les rois de Dannemarc ont fouvent envoyé à grands fraix des hommes favans voyager dans leurs états & dans différentes parties du monde, dans la vue d'étendre les bornes des connoiffances utiles.

Langebeck parcourut tous les pays qui bordent la mer Baltique pour y chercher des monumens de l'iftoire du Nord. *Schœning* fit un femblable voyage aux dépens du prince Fréderic. Actuellement le docteur Moldenhauer, favant

doué d'une profonde érudition parcourt l'Angleterre, la France & l'Espagne, pour y chercher
dans les bibliothéques des manuscrits dans les
langues savantes.

Mais l'expédition littéraire qui fait le plus
d'honneur au gouvernement de Dannemarc est
celle qui fut entreprise à la persuasion du comte
de Bernstorff, en 1761, sous le règne de Fréderic V. Une compagnie de savans fut envoyée
aux frais de ce prince dans l'Arabie & les contrées voisines, pour y faire des observations
sur la littérature, la critique sacrée, l'histoire
naturelle & civile, les antiquités, la médecine,
les mœurs, les usages; M. *Niebuhr* le seul de
ces savans qui soit revenu de ce long & péril-
leux voyage en a publié une relation intéressante
& curieuse, connue de tous les lecteurs.

Additions du Traducteur.

M. Coxe n'ayant séjourné que très - peu
de temps en Dannemarc, il n'a pu se procurer sur ce royaume des informations aussi
étendues que celles dont il a fait part au public
dans les articles où il traite de la Pologne, de
la Suède & surtout de la Russie.

Mon dessein n'est point de suppléer à son

silence fur tous les objets qu'il auroit fans doute traités fi les circonftances le lui euffent permis. Mais je penfe que quelques détails fur les plus importans pourront n'être pas défagréables à mes lecteurs. Je crois devoir d'abord rendre plus complet l'article qu'on vient de lire, dans lequel l'auteur s'eft propofé de faire connoître l'état des fciences & des arts en Dannemarc.

I°. Aujourd'hui prefque toutes les parties de la phyfique & de l'hiftoire naturelle y font cultivées par des hommes habiles, & continuent à y être encouragées. M. Bugge y a reffufcité, fi je puis ainfi parler, le goût de l'aftronomie par fon exemple & fes fuccès. M. Fabricius profeffeur à Kiel, s'eft diftingué par des ouvrages fort eftimés fur l'hiftoire naturelle. Perfonne n'a plus étudié l'hiftoire des infectes, fur laquelle il a publié plufieurs excellens ouvrages, & entr'autres un fyftème d'entomologie & des genres & efpèces des infectes. Sa defcription des animaux de la Grœnlande eft un autre traité fort curieux.

Chrétien VI fonda en 1740 à Copenhague une fociété de médecine, deftinée à régler l'exercice de la médecine & de la chirurgie dans les deux royaumes. Elle fut chargée de plus de continuer le recueil d'obfervations médicales que Bartholin

avoit

avoit commencé, & on a déjà vu quelques
volumes de cette continuation.

Outre les sociétés savantes dont M. Coxe a
fait mention, il y en a d'autres en Dannemarc
qui méritent d'être connues. Telle est la *société
économique* formée en 1768, & composée d'un
nombre indéfini de membres. Le fond qui lui a
été assigné par le roi & les contributions de ses
membres la mettent en état de s'occuper de
diverses recherches utiles, de distribuer annuellement des prix & de publier les mémoires des
auteurs qui les ont obtenus. Le prince royal est
le protecteur de cet utile établissement.

La société de belles-lettres approuvée & encouragée par le roi en 1759. Elle distribue des prix
à ceux qui se font distingués par quelque ouvrage
de poésie, d'éloquence & de morale, & fait
imprimer ces ouvrages.

La société poétique qui distribue aussi des prix
aux auteurs des meilleures poésies danoises.

La société typographique formée en 1772.
Son objet est de faciliter l'impression des bons
ouvrages des auteurs du pays qui restoient souvent inconnus, parce que le débit des livres
danois étant nécessairement borné, il se trouvoit
rarement des libraires qui voulussent s'en charger.

La société de jurisprudence formée en 1766.

Les membres s'occupent d'exercices propres à les former à la pratique & à l'éloquence du barreau.

Une nouvelle fociété de médecins a commencé à s'affembler en 1772, & publié des mémoires en latin. Une fociété femblable compofée de chirurgiens diftribue des prix de chirurgie & publie des mémoires en allemand.

Enfin on a même formé une fociété théologique pour l'encouragement des jeunes prédicateurs. On y cultive l'éloquence de la chaire, & elle fait part au public de temps en temps des fermons qu'elle croit les plus propres à fervir de modèles.

L'académie de peinture, fculpture & architecture fondée par le roi Fréderic V, eft un établiffement confidérable pour lequel on n'a rien épargné, & dont les fuccès ont déja répondu aux vues, aux foins & à la dépenfe de fon fondateur. Mais il feroit inutile de répéter ici ce qu'on trouve fur ce fujet dans plufieurs livres connus, & en particulier dans les lettres fur le Dannemarc. L'ouvrage intitulé de l'état des arts en Dannemarc; la defcription de Copenhague par Hauber, & d'autres relations imprimées me difpenfent également d'entrer dans de plus grands détails fur cet objet, & fur les biblio-

théques publiques & particulières, les cabinets
de tableaux, d'hiſtoire naturelle, d'antiques, de
médailles qui ſont en grand nombre à Copenhague, & qui prouvent combien la nation eſt
éclairée & recherche avec empreſſement toutes
les connoiſſances utiles & agréables.

II°. M. Coxe s'eſt plu avec beaucoup de raiſon à étudier & à faire connoître à ſes lecteurs
la condition des payſans, dans tous les pays
qu'il a parcourus. Ce ſoin trop négligé de la
plupart des voyageurs ne peut que lui faire
honneur aux yeux des lecteurs philoſophes,
de ceux qui s'occupent de recherches ſur les
cauſes de la proſpérité des nations, & en général de tous les amis de l'humanité. Je crois
devoir encore à cet égard ſuppléer à ſon ſilence
& rendre ſon ouvrage plus complet, en traçant
ici une eſquiſſe de la condition du payſan danois,
ſur laquelle il n'eſt pas ordinaire de trouver
des notions bien exactes dans les livres.

Les traits les plus importans en ſeront empruntés d'un mémoire manuſcrit, dont l'auteur étoit membre d'une commiſſion chargée
de s'occuper des moyens d'abolir en Dannemarc
la ſervitude de la glèbe. Ce mémoire devoit

être fuivi de deux autres. Dans le premier on auroit montré comment ce changement pouvoit s'opérer fans inconvénient & même avec avantage pour les poffeffeurs des terres. Le fecond étoit deftiné à répondre aux objections les plus fpécieufes. Le départ de l'auteur l'obligea à laiffer imparfait un travail fi intéreffant, dont le commencement ne peut que donner l'idée la plus favorable. C'eft avec beaucoup de regret que je me vois forcé par le plan & les bornes de cet ouvrage à n'en donner ici qu'un fimple extrait.

Quelque nom qu'on veuille donner à la condition du payfan danois, il eft certain qu'il eft foumis à des corvées, qu'il ne pofsède aucun fonds, & qu'il ne lui eft pas permis de quitter le lieu de fa naiffance.

Les conjectures fur l'origine de cet affujettiffement font en grand nombre. La plus fimple peut-être & la plus vraifemblable, eft que la fervitude n'a jamais été parfaitement abolie en Dannemarc, comme elle l'a été dans d'autres pays de l'Europe. Les Germains dont les Danois faifoient partie connoiffoient du temps de Tacite l'efclavage de la glèbe. Cet hiftorien nous apprend qu'au lieu de tenir des efclaves dans leurs maifons, ils leur donnoient des terres à

cultiver, & qu'ils en recevoient en retour une
certaine quantité de bétail & de vètemens. Une
suite de fatalités singulières a été la cause de ce
que cet établissement détruit dans tout le midi de
l'Europe, dans la plus grande partie de l'Allemagne, en Suède & en Norvège n'a été attaqué en Dannemarc que pour y recevoir à chaque fois une nouvelle consistance.

Chrétien II, plus connu des étrangers sous
le nom de *Christierne*, toujours porté à des actes
violens d'autorité, voulut mettre en un jour
tous les paysans de Dannemarc en liberté. Cette
loi & plusieurs autres qui demandent grâce pour
sa mémoire faisoient partie de son code, qui
fut brûlé par la même assemblée de nobles qui
le déposa. Fréderic I à qui ils déférèrent le
trône devenu vacant, n'eut garde de renouveller un projet qui les avoit si sensiblement offen-
sés. Chrétien IV le reprit en considération,
mais la noblesse qu'il avoit fait fonder lui annonça
une résistance qu'il n'osa pas essayer de vaincre.
En 1660 le roi devenu tout puissant sembloit
ne devoir pas être arrêté par le même obstacle,
mais le caractère de Fréderic III l'éloigna sans
doute d'un projet qui eut ajouté au mécontentement
d'une noblesse affligée de la révolution,
& appauvrie par une guerre longue & malheu-

H iij

reuse. Cette guerre ruineuse obligea le gouvernement de charger les terres d'impôts, la noblesse
s'endetta, & les fonds perdirent beaucoup de leur
valeur. Pour leur en rendre une partie on fut
obligé de permettre aux roturiers d'en acquérir,
sans que la noblesse pût comme auparavant les
retirer de leurs mains, & ce fut un nouveau
malheur pour le paysan, puisqu'un ancien gentilhomme qui voit la prospérité & la perpétuité de
sa famille attachée à la conservation de sa terre,
a un grand motif de plus qu'un autre pour la
laisser en bon état & ménager ses vassaux.

Le code de Chrétien V compilé d'ailleurs
avec beaucoup d'intelligence & de soin ne fit
rien pour le paysan. Dans la suite ce prince
parut vouloir adoucir le sort de ceux qui étoient
dans la plus grande dépendance. Il ordonna par
exemple (en 1692) que ceux qui viendroient
s'établir & prendre à ferme des cenfes dans les
domaines qu'il avoit assignés à l'entretien de sa
cavalerie, transmissent à leurs enfans le degré
de franchise qu'ils y auroient apporté. Il étendit
ensuite ce droit aux habitans des isles de Mœne
& de Bagoë qui s'appliqueroient à la navigation.
Le succès de ces foibles essais encouragea son
fils Fréderic IV à détruire par la racine le droit
de servitude. L'édit qu'il publia en 1702 étoit

dicté par la faine politique, & fans rien préci-
piter il rendoit à l'humanité fes droits. Il ordonna
qu'à une époque fixée (le 25 Août 1699) jour
de fon avènement, il ne naîtroit plus d'efclaves.
Le préambule de cet édit en expofe les motifs,
& ils font dignes d'une fi noble penfée. Il veut
que fes fujets foyent excités au travail, & à
verfer au befoin leur fang pour la défenfe de
leur patrie, en voyant que le fol que leurs travaux ont amélioré eft affuré à eux & à leurs
enfans. En un mot, il leur donne une patrie.
Il étoit fage de ne pas rendre d'abord une
liberté illimitée à des hommes depuis fi long-
temps accoutumés au joug. On fe bornoit pour
le moment à adoucir leur fort, à leur faciliter
les moyens d'acquérir leur liberté.

On peut demander aujourd'hui ce qui a pu
être objecté contre un édit fi fage & fi humain.
On allégua, dit-on, que les payfans profite-
roient de leur liberté pour fortir du pays. Mais
fi on leur eût laiffé le temps de prendre confiance
à la durée de la loi, la plupart feroient bientôt
revenus. Qu'iroit chercher un laboureur loin
de fa patrie? Un langage & des mœurs étrangères, l'état de foldat ou de matelot.

Mais la liberté accordée en 1702 ne dura
pas plus que l'année qui l'avoit vue naître. On

H iv

ne révoqua pourtant pas la loi, on l'éluda. On fit plus ; fous prétexte de perfectionner le régle-ment des milices, il fut ordonné que le propriétaire d'une terre feroit enrôler tous fes payfans depuis 14 ans jufques à 35 ; & comme c'étoit lui qui difpofoit du rôle, il pouvoit toujours retenir un homme à la fleur de l'âge, né dans fes terres, & le réclamer en quelque lieu qu'il fût.

Cet établiffement de la milice fut fupprimé en 1730, & le laboureur fe livroit à la joie de fe voir délivré de toutes les vexations auxquelles il avoit donné lieu, lorfque trois ans après on le rétablit fous une autre forme qui étendit & affermit plus que jamais l'autorité des feigneurs.

On leur rendit d'abord le droit de tenir le rôle de leurs gens & de les réclamer. Les exemptions de l'enrôlement furent reftreintes & plus difficiles à obtenir. Et cette obligation de fervir dans la milice s'étendit de toutes les manières les plus onéreufes & les plus affligeantes pour le payfan. Nous ne pouvons entrer dans tous les détails qui juftificroient cette affertion. Il faut fe borner à citer quelques exemples.

Qu'un jeune homme ait eu le bonheur de faire quelques épargnes, fon feigneur ou fon intendant lui propofe de fe charger de la ferme

la plus dégradée de la terre, parce qu'il aura
de quoi en réparer les bâtimens & la garnir
de bétail. S'il refufe on le fait foldat, non
cependant fans avoir effayé de le perfuader par
de mauvais traitemens.

Un autre voit une ferme en bon état, mais
celui qui la tient eft vieux & infirme. Il la
demande au feigneur, & le vieillard en eft chaffé
fous quelque prétexte.

La corvée eft fujette à de plus grands abus
encore. Elle a été établie pour que le feigneur
pût faire cultiver fa terre fans dépenfe. Mais
on l'a étendue à tout. Celui qui bâtit, qui
embellit fa terre, qui envoie au loin fes denrées, qui va & vient avec fa famille a toujours
recours au travail de fes payfans.

Le payfan accablé ne peut payer régulièrement
fes redevances. Le propriétaire lui fait des avances,
ordinairement à 12 $\frac{1}{2}$ pour cent d'intérêt, ou fi
c'eft fans intérêt, il eft bien entendu qu'il ne
pourra plus fe refufer à rien de ce qu'on exi-
gera de lui.

Pour les plus légers fujets, l'intendant affem-
ble toute la paroiffe. La journée eft perdue pour
faire peu d'ouvrage, mauvaife économie qui
coûte beaucoup au payfan, & profite peu au
feigneur ; auffi plufieurs propriétaires éclairés

& humains ont-ils changé ce droit de corvée en une redevance en argent. Le fuccès le plus complet a juftifié cet échange, dont le temps multipliera fans doute les exemples.

Ce changement ne pourra qu'ètre très-falutaire au Dannemarc, lui donner une nouvelle force phyfique qui lui fera propre , & ranimer en quelque forte cet ordre de la nation abattu & languiffant. C'eft ainfi que chez les autres nations l'affranchiffement des ferfs devint pour elles l'époque d'une nouvelle vie, que les rois acquirent un peuple fidelle, affectionné, induftrieux qui les enrichit, les défendit, les éleva au-deffus de ces grands vaffaux dont la puiffance rivale de la leur n'entretenoit dans l'état que le trouble, le défordre & la foibleffe. L'exemple de l'Italie , de la France eft trop connu pour qu'il foit befoin de le rappeler. En Angleterre, la fervitude a été fupprimée par des traités conclus de gré à gré entre les feigneurs & les vaffaux , & dictés par l'intérèt même des feigneurs. Cet affranchiffement fucceffif a été confommé vers le temps de Henri VII , & qui n'a pas obfervé le degré étonnant de puiffance que déployèrent immédiatement après Henri VIII & la reine Elifabeth ?

III°. Suivant un auteur danois qui a écrit dans fa langue un petit ouvrage fur le commerce du Dannemarc & de la Norvège (*), il paroîtroit par les régiftres de la douane qu'en 1767, le Dannemarc, proprement dit (les duchés de Sleswick & de Holftein non-compris) a exporté pour 731,674 rixdalers de marchandifes, & qu'il en a importé pour une fomme de 1,449,069, enforte que cette année-là, il auroit perdu 658,272 rixdalers.

D'après les calculs du même auteur, le Dannemarc auroit perdu avec la Ruffie, la France, l'Angleterre, la Pruffe & Lubeck. Il auroit gagné quelque chofe avec la Suède, la Hollande, l'Allemagne, les côtes de la méditerranée. La France lui auroit vendu pour une fomme de 172000 rixdalers de vins & d'eau-de-vie, & n'en auroit rien tiré. La province de Jutlande auroit gagné 47,723 rixdalers par le commerce du bétail.

Cette même année, la Norvège auroit importé des marchandifes étrangères pour une fomme de 1,279,678 rixdalers, & elle auroit exporté pour 1,598,669 rixdalers, fans compter l'article

---

(1) V. *Om Danmarks og Norges tilftand i henfeende til handelen. Soroe* 1772.

du cuivre dont ce royaume vend, année com-mune, pour 271,018 rixdalers. Son gain seroit donc de 710,083 rixd. La Norvège auroit gagné cette année-là avec l'Angleterre 286,000 rixd. 237,000 avec la Hollande, 68000 dans la médi-terranée, 51000 avec l'Espagne. Ses achats en grains lui auroient fait perdre avec Dantzig 11800, avec la Prusse 63000, avec la Russie pour du-chanvre 88000, &c. &c.

L'auteur cité conclut de ses recherches que le Dannemarc perd annuellement par la balance du commerce environ 190,000 rixdalers, que le gain de la Norvège est beaucoup plus consi-dérable : il ajoute que la douane du Sund rend 250,000 rixdalers (1), & les mines d'argent de Kongsberg en Norvège une somme à-peu-près égale. Les choses peuvent avoir changé depuis cette année-là, & le commerce des Danois s'est probablement étendu & amélioré.

---

(1) Cette branche de revenu a augmenté dès-lors considérablement en raison du nombre des vaisseaux qui passent aujourd'hui par le Sund & qui se montent à près de 8000 annuellement.

CHAPITRE V.

Départ de Copenhague — Voyage dans l'isle de Sélande — Roschild & sa cathédrale — Tombeaux des rois de Dannemarc — Saxon le grammairien — Tombeaux des rois à Ringsted — Passage du grand Belt — Isle de Fionie — Odensée — Tombeaux des rois Jean & Chrétien II — Passage du petit Belt — Voyage dans les duchés de Sleswick & de Holstein — Canal de Kiel — Remarques sur d'anciens monumens qu'on trouve souvent en Suède & en Dannemarc.

Le 5 Avril. En partant de Copenhague nous trouvâmes un excellent chemin au travers d'un pays bien cultivé qui nous conduisit jusques à Roschild, ancienne résidence des rois & capitale de Dannemarc. Cette ville n'est qu'à une petite distance de la baie nommée Ise-Fiord, & étoit autrefois florissante & d'une grande étendue. On y comptoit vingt-sept églises & autant de couvens. A présent elle a à peine un demi-mille de circonférence, & ne contient qu'environ 1600 habitans. Les maisons sont jolies & de briques. Il ne lui reste de son ancienne magnificence que les ruines d'un palais, & la cathédrale, bâtiment de briques avec deux clochers, dans lequel font les tombeaux des rois de Dannemarc.

Ce fut Harald II, furnommé *à la dent bleue*, le premier roi de Dannemarc, à ce qu'on croit, qui ait profeffé la religion chrétienne (I) qui fit bâtir cette églife vers l'année 980, lorfqu'il fixa fa réfidence à Rofchild, & abandonna *Lethra* ou *Leyre* qui l'avoit été jufqu'alors, mais qui, livrée au culte des faux dieux, & fouillée par les facrifices humains qui s'y faifoient tous les ans, ne pouvoit plus être le féjour d'un roi dévoué à une religion fi jaloufe de fa pureté. C'eft ce même Harald dont la poftérité régna long-temps en Dannemarc & quelque temps en Angleterre & en Norvège. Il fut le père de *Suenon*, premier roi danois d'Angleterre, & ayeul du grand Canut qui porta la puiffance des rois de Dannemarc à un fi haut degré. Ces derniers faits font certains, mais rien de plus douteux que la fondation de la cathédrale de Rofchild par ce prince, & même fa converfion au chriftianifme.

Un des plus anciens tombeaux de cette cathé-

(*) J'ai fait ici divers changemens & retranchemens à l'original dans des articles qui manquent d'exactitude. (*Note du Traducteur.*)

drale eſt celui de Suenon II, fils d'une ſœur
de Canut le grand, & l'auteur de la race dite
moyenne des rois de Dannemarc qui occupa le
trône juſqu'en 1387, époque de la mort de Valdemar III. Ce dernier prince n'ayant point laiſſé
de fils, la célèbre *Marguerite*, nommée la Sémi-
ramis du Nord, lui ſuccéda, & après elle les
princes qui deſcendoient de ſa ſœur juſqu'à l'avènement de Chrétien I de la maiſon d'Oldenbourg.

Marguerite eſt auſſi enterrée dans cette égliſe.
Son tombeau occupe une place qui le fait remar-
quer au milieu de l'égliſe. Il eſt de pierre peinte
en noir, & la ſtatue de la reine faite d'albâtre
eſt placée au-deſſus, & de grandeur naturelle.
L'inſcription qui eſt ſur ſa tombe au lieu d'être
ſuivant l'uſage un long & pompeux éloge de
ſes vertus, ſe borne à dire *que ce monument a
été élevé par Eric ſon ſucceſſeur, à l'honneur d'une
reine que la poſtérité n'honorera jamais autant
qu'elle l'a mérité.* On ne pouvoit pas moins
louer une princeſſe qui a autant de droits à
nôtre vénération, & dont le règne a peu de
pareils dans l'hiſtoire. Elle avoit épouſé étant
très-jeune Haquin roi de Norvège, qu'elle perdit après en avoir eu un fils nommé Olaüs. —
Elle eut l'habileté d'aſſurer à cet enfant la couronne de Dannemarc & celle de Norvège. Ayant

enfuite été déclarée régente pendant fa minorité, elle gouverna ces deux royaumes avec tant
de prudence, de popularité & de vigueur, que
fon fils étant mort fans laiffer d'enfans en 1385,
les états de Dannemarc la proclamèrent reine,
quoiqu'il fût jufqu'alors fans exemple qu'une
femme fut montée fur le trône. Elle obtint avec
la même habileté la couronne de Norvège, &
enfin elle acquit par les armes celle de Suède.
Par le fameux traité d'union de Calmar, conclu
en 1397, elle réunit les trois royaumes du Nord
qui reftèrent fous fon obéiffance pendant tout
fon règne, malgré l'éloignement des Suédois
pour le gouvernement danois. Elle fit plus
encore, car par fa politique & fa fermeté, elle
étouffa l'efprit de révolte & de défobéiffance qui
avoit continuellement agité le Nord pendant
les règnes précédens, & qui fe ranima après
fa mort. Cette tranquillité plus glorieufe fans
doute que tous fes exploits militaires ne pouvoit être dûe qu'à l'afcendant d'un génie fupérieur dans un fiècle ennemi de la paix, & où
une puiffante nobleffe n'afpiroit qu'à l'indépen-
dance. Tous les fouverains de la maifon d'Oldenbourg qui occupent encore le trône de Dannemarc, font enterrés dans la cathédrale de Rofchild,
excepté Jean, Chrétien II & Fréderic I.

Chrétien

Chrétien I fondateur de cette maison est enterré dans une petite chapelle, sans aucun monument ni inscription : il étoit comte d'Oldenbourg, & il dut son élévation au trône de Dannemarc, à ce qu'il descendoit par les femmes, de Eric V roi de Dannemarc. En effet à la mort de Chistophle III, les états de ce royaume lui déférèrent la couronne en 1448, & l'année suivante les états de Norvège se déterminèrent par une considération semblable à le reconnoître pour leur roi. Il obtint ensuite la couronne de Suède, mais il en jouit peu ; il fut même en quelque sorte obligé de l'abandonner. C'étoit un prince humain & modéré dont l'esprit moins brillant que solide, étoit plus propre au gouvernement intérieur qu'à se signaler par des exploits brillans. La plupart de ses successeurs semblent avoir hérité de ses dispositions pacifiques ; ils ont été des protecteurs des arts & des sciences, & moins occupés d'entreprises guerrières que du soin de mériter l'amour & la reconnoissance de leurs peuples.

On voit dans la même chapelle les tombeaux de Chrétien III & de Fréderic II. Ces monumens superbes ont été faits en Italie, par les ordres de Chrétien IV, & on les regarde comme des chefs-d'œuvre de sculpture. Les statues de ces deux princes font de grandeur naturelle, fous un dais de marbre fupporté par des piliers de l'ordre Corinthien : les bas-reliefs qui font autour du maufolée de Fréderic II, & qui repréfentent les batailles de ce prince, font juftement admirés. On n'a pas point érigé de tombeau à l'honneur de Chrétien IV, que M. Wraxall appelle avec raifon le héros de l'hiftoire danoife; fon corps eft dépofé dans un cercueil orné de trophées exécutés en argent.

Il feroit trop long de parler en détail des autres fépulchres de la famille royale, dont la plupart font chargés d'infcriptions très-prolixes; on les trouve d'ailleurs décrits très-exactement dans l'ouvrage intitulé *Marmora Danica*, de l'évêque Pontoppidan.

Saxon le grammairien eft auffi enterré, à ce que l'on croit, dans l'églife de Rofchild; du moins on y voit le tombeau d'un faxon, prévôt de cette églife, que l'opinion commune, peutêtre mal fondée, fait regarder comme le faxon qui a écrit l'ancienne hiftoire de Dannemarc, vers la fin du douzième fiècle. Cette hiftoire commence aux temps fabuleux & fe termine à l'année 1186, & ne mérite une entière confiance que pour les derniers règnes voifins du fiècle de l'auteur. Il a écrit en latin d'un ftyle

élégant & trop poétique, mais qui peut paſſer
pour une eſpèce de prodige dans l'âge barbare
où l'auteur écrivoit.

Après avoir ſatisfait la curioſité qui nous avoit
fait déſirer de voir les tombeaux de Roſchild,
nous continuâmes notre voyage & nous paſsâ-
mes la nuit à Ringſtedt, petite, mais jolie ville
qui eſt preſque au milieu de l'isle ; l'égliſe qui
paſſe pour être la plus ancienne de Dannemarc,
eſt un bâtiment de briques, avec deux tours
quarrées peu élevées. Pluſieurs rois de Dannemarc y ſont enterrés, & leurs tombeaux ne
ſont la plupart couverts que de pierres unies,
& au niveau du pavé, ſur leſquelles ſont gravées
quelques figures ou quelques inſcriptions latines,
la plupart effacées par le temps.

Le 6 Avril. Nous pourſuivîmes notre route
juſqu'à Corſoër, où l'on s'embarque pour paſſer
le grand Belt, qui ſépare l'isle de Sélande de
celle de Fionie. Corſoër eſt ſituée ſur une petite
péninſule de la côte occidentale de la Sélande ;
cette ville a un bon port pour les petits vaiſſeaux, & eſt défendue par un fort qui n'a que
des remparts de terre & quelque peu de canons,
plutôt pour la forme que pour le ſervice. La
garniſon eſt compoſée d'un petit nombre d'invalides, & on n'y remarque qu'un grenier, &

la maifon du commandant qui étoit autrefois un palais royal.

La Sélande que nous avions traverfée de Copenhague à Corfoër eft la plus grande des isles danoifes; elle a environ fept cent milles de circonférence. La partie que nous avons vue eft un pays ouvert entremêlé de jolies collines, de petits bois de hêtres & de chênes, & de plufieurs beaux lacs. Cette isle eft extrêmement fertile; elle produit abondamment toute forte de grains; on y trouve d'excellens pâturages, & elle eft furtout fameufe par fa belle race de chevaux. Les champs qui paroiffoient bien cultivés font en plufieurs endroits clos de murailles de terre; la plupart des maifons de payfans font bâties de cette même efpèce de muraille, mais blanchies, & très-peu le font en briques.

Le 8 Avril. Le vent étant violent & directement contraire, nous fûmes retenus deux jours à Corfoër; quand il voulut changer nous nous embarquâmes pour l'isle de Fionie. La diftance entre les deux caps les plus voifins des deux côtes eft d'environ 18 milles. Vers midi nous pafsâmes la petite isle de Spro, près de laquelle eft un vaiffeau de garde deftiné à exiger le péage de tous les vaiffeaux qui paffent dans ce

bras de mer. Spro ne contient que deux bâti-
mens, une jolie ferme & une petite auberge à
l'ufage de l'équipage du vaiffeau de garde. Sur
le fommet d'une hauteur d'où l'on découvre la
mer de tous côtés, nous obfervâmes les ruines
d'un ancien fort qui, à ce que nous dirent nos
mariniers, avoit appartenu anciennement à des
pirates qui trouvoient dans cette isle une retraite
très-favorable à leurs vues.

Après un paffage fort heureux d'environ
quatre heures, nous débarquâmes à Nybourg,
petite ville bien bâtie fur le bord d'une baye
commode dans l'isle de Fionie. Elle eft environnée d'un rempart & d'un foffé, & une compagnie d'invalides forme fa garnifon. Près des
remparts de la ville on voit les reftes d'un vieux
palais dans lequel naquit Chrétien II. Un hiftorien de ce prince nous apprend que ce fut là
qu'étant encore enfant, il fut porté fur le toît
de ce château par un finge qui le rapporta peu
de temps après, fans qu'il lui arrivât aucun
accident (*).

Dans l'après midi nous arrivâmes à Odenfée
capitale de la Fionie ; c'eft une ville fi ancienne
que des auteurs danois croyent qu'elle a été

____

(1) Svaning, Vit. Chrift. II., Tome II.

fondée par Odin, la Divinité & le héros des nations gothiques. Mais je laisse aux antiquaires du pays le soin de prouver cette opinion, & je me contente d'observer que le nom de cette ville se trouve dans les plus anciennes annales de la nation, & que c'étoit déjà une ville considérable avant que Copenhague existât. Une partie seulement de la ville est nouvellement bâtie. On y compte environ cinq mille deux cent habitans qui font quelque commerce en grains & en cuirs. Ces cuirs sont fort estimés, & l'on croit que leur bonne qualité est dûe à celle de l'eau de la rivière qui sert à les préparer. La plus grande partie des cuirs employés pour l'usage de la cavalerie danoise se fabrique dans cette ville.

Odensée est le siége d'un évêque, & c'est le plus riche du Dannemarc après celui de Copenhague. Il y a aussi dans cette ville une école fondée par la célèbre reine Marguerite, où l'on instruit gratuitement un certain nombre d'écoliers. On leur donne outre cela une somme d'argent annuellement. D'autres fondations de ce genre ont été faites par des particuliers. Il y a en tout soixante-quinze écoliers ainsi défrayés, depuis l'âge de six ans à celui de seize. A cet âge ils font reçus dans un collége supé-

rieur fondé par Chrétien IV , & qui a été per-
fectionné & augmenté par la libéralité du baron Holberg, favant danois qui protégeoit les lettres avec autant de zèle qu'il les cultivoit. Ce collége a depuis perdu beaucoup de fon luftre , & quand je paffai on n'y comptoit que huit étudians.

La cathédrale eft un grand & vieux bâtiment de briques qui n'a rien de remarquable que quelques tombeaux. On y voit entr'autres ceux du roi Jean & de fon fils Chrétien II ou Chriftierne.

Jean monta fur le trône en 1481 à la mort de fon père Chrétien I. Et lorfque l'union de Calmar fut renouvellée en 1497 il obtint la couronne de Suède , mais les Suédois ne l'en laiffèrent pas jouir long-temps. Il mourut en 1513 , exhortant dans fes derniers momens avec beaucoup de force fon fils Chrétien II à fe montrer plus digne du trône qu'il lui laiffoit ; mais ces exhortations tardives furent très-inefficaces , & il eut été bien plus à fouhaiter qu'il eût pourvu de bonne heure à fon éducation ; fa négligence à cet égard eut les plus fâcheufes fuites, & elle eft fans doute une tache à la mémoire de ce prince d'ailleurs eftimable, à qui on ne reprocha que quelques actes de

I iv

violence, effets de la mélancolie à laquelle il étoit sujet.

Son fils le cruel & infortuné Chrétien II est enterré près de son pere sous une pierre unie peu élevée qui ne porte aucune inscription. Il étoit né à Nybourg en 1481, & il donna de bonne heure des preuves d'un esprit vif & intelligent. Avec une bonne culture ce prince & ses sujets en auroient recueilli d'heureux fruits. Il fut négligé & tout le contraire arriva. On le confia à un petit bourgeois de Copenhague, & ensuite à un maître d'école chez lesquels il fut en pension, & apprit avec d'autres enfans à chanter très-bien au chœur; il se distingua même des autres écoliers dans ce pieux exercice. Après cela on lui donna un précepteur allemand, savant & pédant, sous lequel il apprit le latin, mais en même temps il prit un goût décidé pour la mauvaise compagnie; il partageoit ses amusemens, & ses inclinations, & associé avec des personnes de cet ordre il se livroit à toute sorte d'excès.

Quand il eut atteint l'âge de dix-huit ans il secoua enfin toute espèce de joug, & dégoûté des études pédantes qu'on l'avoit forcé de faire, il chercha dans la guerre une occupation plus conforme à son génie. Une révolte qui s'étoit

déclarée en Norvège lui fournit une occasion DANNEMARC
de se signaler , & il ne manqua rien à ses
succès que d'user de la victoire avec modération.

Pendant son séjour dans ce royaume il avoit
eu occasion de faire un tour à Bergue, où le
commerce attire des hommes de toutes les nations. Ce fut là qu'il prit une violente passion
pour une jeune hollandoise nommé Dyveke qui
tenoit une auberge dans cette ville avec sa
mère Sigebritte. Ces deux femmes étoient nées
à Amsterdam dans la plus basse condition. Mais
la nature avoit donné à Dyveke la beauté qui
soumet d'abord tout à son empire , & le talent
de gouverner les esprits qui rend durable l'empire de la beauté.

Ces deux femmes & un homme de leur
trempe , Dideric Slagheck eurent pendant long-
temps la principale part à sa confiance. Celui-ci
avoit été barbier en Westphalie sa patrie. Sigebritte sa parente le donna au roi qui en fit
son favori & son ministre, le nomma évêque
en Suède , ensuite archevêque & primat en
Dannemarc , & le fit enfin brûler vif pour lui
avoir donné de mauvais conseils.

Pendant les premières années de son règne
qui commença en 1513 , son gouvernement mé-
rita beaucoup d'éloges. Il publia même à diverses

reprifes des loix pleines de fageffe & d'humanité. Elles avoient pour but d'adoucir la condition des payfans que les nobles traitoient en
efclaves ; il leur défendoit de les vendre, comme
c'étoit leur ufage ; il permettoit même à ces
malheureux de changer de demeure & d'aller
s'établir ailleurs quand ils étoient injuftement
traités. Il défendoit aux eccléfiaftiques d'acquérir
de nouveaux fonds de terre, de recevoir d'autres legs que ceux qui leur feroient faits en
argent, il obligeoit à la réfidence ceux qui
avoient cure d'ame, il réprimoit leur luxe. Il
décernoit des peines févères contre tous ceux
qui pilloient les effets naufragés, & ordonnoit
que les malheureux à qui ils appartenoient
fuffent fecourus & protégés efficacément. Heureux ce prince & fes peuples fi des foins pareils
avoient occupé toute fon activité & fon ambition !

Ses entreprifes furent d'abord couronnées
des plus brillans fuccès. Il étendit les bornes
de fon pouvoir en Dannemarc & en Norvège.
Il conquit la Suède, & en fut même déclaré
fouverain héréditaire. Mais il ne fut point ufer
avec fageffe de fa bonne fortune. Enivré de fes
faveurs il fe permit les actes de la plus grande
tyrannie. L'horrible maffacre de Stockholm dans
lequel il fit paffer au fil de l'épée fix cent per-

fonnes de la première nobleffe, fous prétexte
qu'elles avoient mérité la mort par leur rébellion
& au milieu des fêtes de fon couronnement,
excita un foulèvement fi général , que dès que
Guftave-Vafa eut donné le fignal de la révolte
elle s'étendit en un moment dans toute la
Suède, & même en Dannemarc, où une grande
partie de fes fujets n'étoient pas moins irrités
contre lui. Enfin les états de ce royaume le
déposèrent formellement, & déférèrent la couronne à fon oncle Fréderic duc de Holftein.
Chrétien eut pu fans doute foutenir encore fes
droits par la force. Il lui reftoit un parti & des
efpérances d'être fecouru ; il avoit prouvé dans
d'autres occafions qu'il ne manquoit pas de
courage perfonnel, mais par une de ces incon-
féquences qui étoient dans fon caractère, au
moment où les Danois s'attendoient à toutes
les horreurs d'une cruelle guerre civile, il abandonna en quelque forte fa propre caufe, s'embarqua à Copenhague avec fa femme, fes enfans, fes effets les plus précieux , & fit voile
pour les Pays-Bas où il n'arriva qu'après avoir
effuyé de grandes pertes & de plus grands
périls. On raconte que Sigebritte qui le gouvernoit encore, le confoloit dans ce paffage de
la perte de fa couronne par l'efpérance de la

place de bourguemaître à Amſterdam, qu'il ne pouvoit manquer, diſoit-elle, d'obtenir par le crédit de Charles-Quint ſon beau-frère.

Chrétien attendoit de ce prince des ſecours pour remonter ſur le trône. Ses ſollicitations furent long-temps infruĉtueuſes. Enfin il ſe procura une flotte & une armée avec leſquelles il fit une deſcente en Dannemarc. Mais cette entrepriſe échoua, il fut vaincu par les troupes de ſon neveu Fréderic, & conduit priſonnier au château de Sonderbourg dans l'isle d'Alſen qui dépend du duché de Sleswick.

Ce fut là que ce malheureux prince ſe vit renfermé avec un nain pour toute compagnie, dans un lugubre donjon dont la porte fut auſſi-tôt murée, & où il n'y avoit qu'une ſeule fenêtre pour y répandre un peu de jour & communiquer avec ceux qui étoient chargés de le nourrir. La rigueur d'une ſi dure captivité fut encore augmentée par la mort du prince Jean ſon fils unique qui mourut dans ſa quinzième année, & le jour même où Chrétien perdoit ſa liberté. Ce coup lui fut infiniment ſenſible & le plongea dans le plus profond découragement.

Après avoir fait quelques tentatives inutiles pour obtenir du ſoulagement à ſon ſort par

l'entremife de l'Electrice Palatine fa fille, & de
l'empereur Charles - Quint fon beau-frère; après
avoir perdu fucceffivement fon nain, & un
vieux foldat qu'on lui avoit donné pour le
remplacer, & qui l'amufoit par les récits de
fes vieilles guerres; après avoir paffé onze
années entières enfermé dans cette trifte cellule,
il obtint enfin à la prière de Charles - Quint
un logement plus commode dans le même château; on lui forma une maifon fur un pied
convenable, on lui permit de fortir quelquefois,
d'affifter en public au fervice divin, & de prendre
le plaifir de la chaffe. (Tout cela eut lieu fous
le règne de Chrétien III, prince généreux &
humain). Mais ces adouciffemens à fon fort ne
pouvoient lui faire oublier ce qu'il avoit perdu.
On remarquoit fouvent qu'au milieu même de
fes amufemens il lui arrivoit de fondre en
larmes, de fe jeter par terre, & de fe livrer
aux excès de la plus violente douleur.

Il paroît cependant que l'âge & les réflexions
lui infpirèrent enfin des fentimens plus raifon-
nables, & qu'il fe réfigna parfaitement à fa deftinée vers la fin de fa vie. Chrétien III la lui
rendit auffi douce que les circonftances pouvoient
le permettre. Il le fit tranfporter au château de
Callundbourg en Sélande qui avoit été fon

féjour favori. Il alla l'y voir lui-même, lui parla avec tous les égards que les hommes généreux ont pour les infortunés, & lui promit de le faire jouir de tout ce qui pourroit contribuer à adoucir fes malheurs. Chrétien II fut extrèmement touché de ce bon traitement. Il s'écria dans un tranfport de joie, qu'*il fembloit qu'on l'avoit rappelé de la mort à la vie.* Et en effet on lui tint exactement parole ; on n'oublia rien pour lui rendre une exiftence agréable, & il fut fi reconnoiffant envers Chrétien III à qui il la devoit, & étoit devenu fi fenfible qu'on prétend que ce fut la nouvelle de la mort de ce prince qui hâta la fienne. Il termina fa carrière en 1559 âgé de 78 ans. « Il en avoit vécu
» dix fur le trône, neuf dans l'exil, & vingt-
» fept dans la captivité. Comme il avoit abufé
» de la bonne fortune, ajoute M. Mallet, il ne
» fut point foutenir la mauvaife ; il fit voir
» dans tous les états que fon ame manquoit de
» force, de générofité & d'élévation. Après fes
» premières difgraces il ne put jamais regagner
» l'affection des peuples, malgré ce penchant
» qu'ils ont toujours à regretter leurs anciens
» maîtres, & à s'intéreffer pour les princes
» malheureux. Il y a eu beaucoup de rois plus
» coupables & qui ont infiniment plus affligé

» l'humanité fans laiffer un nom auffi odieux.

» Il expia même une partie de fes fautes par le

» bien qu'il fit, mais fon caractère refta tou-

» jours fufpect & avili , & il éprouva qu'un

» prince pour qui on n'a plus d'eftime eft perdu

» fans reffource dès qu'il n'infpire plus de

» crainte (1).

Le 9 Avril nous arrivâmes à Affens, ville fituée fur le petit Belt ; c'eft-à-dire, fur le bras de mer qui fépare l'isle de Fionie du continent. Cette isle qui a 340 milles de tour eft d'une grande fertilité. On en exporte annuellement pour la Norvège de l'orge, de l'avoine, du feigle & des pois (*). Le pays eft ouvert & préfente partout de petites collines fort agréables. Les côtes font en général baffes & fablonneufes.

L'endroit où l'on paffe le petit Belt peut avoir neuf milles de largeur. Nous y reftâmes cinq heures à caufe du vent contraire, & nous defcendîmes à Arroë - Sund dans le duché de Sleswick près de la petite isle d'Arroë.

______

(1) Hiftoire de Dannemarc, Tom. III , p. 5.

(*) Cette importation pour la Norvège & la Suède fe monte annuellement à plus de 100000 tonneaux. On recueille auffi beaucoup de miel dans cette isle , dont les habitans font de l'hydromel fort recherché des étran-gers. Elle eft fort peuplée, & on y compte au - delà de cent terres nobles. (*Note du Traducteur.*)

Le 11 nous traversâmes plusieurs villes petites, mais jolies & bien situées sur des baies de la mer Baltique. La plus remarquable étoit Flensbourg, ville qui fait un grand commerce, surtout avec les Indes Occidentales. Les habitans possèdent au moins deux cent vaisseaux; ils vont aussi en Norvège acheter du poisson salé qu'ils portent dans la Méditerranée. Ils chargent dans les ports de cette mer des vins & des fruits pour la Hollande & les côtes de la Baltique.

Le duché de Sleswick qui fait partie du royaume de Dannemarc est séparé du Holstein, qui est une province de l'empire, par la rivière d'Eyder. La ville de Sleswick, capitale de ce duché, est bâtie irrégulièrement & fort longue; on y compte près de 6000 habitans. Les maisons sont de briques, & comme toutes celles du pays ressemblent par leur construction & leur propreté à celles de Hollande. Les habitans s'habillent aussi à la manière des Hollandois, & plusieurs parlent leur langue, quoique les langues ordinaires du pays soient l'allemand & le danois.

Tout auprès de la ville de Sleswick est le vieux château de Gottorp où demeuroient autrefois les ducs de Holstein. A présent c'est la résidence du prince Charles de Hesse-Cassel qui a épousé la princesse Louise, sœur du roi de

Dannemarc,

Dannemarc, & qui eft gouverneur des duchés de Sleswick & de Holftein. Ce château eft un grand bâtiment de briques environné d'un rempart & d'un foffé. Il a donné fon nom à la branche des ducs de Holftein formée par Adolphe, troifième fils de Fréderic premier, roi de Dannemarc, de qui defcendent le grand-duc de Ruffie & le roi de Suède.

La partie de ce duché que nous traversâmes paroît bien cultivée. C'eft un pays en général uni & ouvert, mais qui offre de temps en temps des payfages variés par des bruyères, des champs, des prairies clofes de haies vives, & entremêlées de forêts de hêtres & de chênes. Les maifons des payfans ont l'air fort propre.

Nous vîmes auffi en paffant des rangs de maifons bâties dernièrement aux frais du roi pour recevoir des colons qu'on y a appelés. Ces maifons font fpacieufes, & reffemblent à celles qu'on voit en Weftphalie ; elles contiennent fous le même toit une grange fort vafte, & des étables des deux côtés. A une extrémité eft le logement de la famille. On donne à chaque famille une charrue, des chariots, & les autres inftrumens néceffaires à l'agriculture, deux chevaux & une paie en argent pendant trois ans.

Tome IV.   K

A vingt milles environ de la ville de Slefwick, nous fortîmes de ce duché, & ayant paffé l'Eyder à Rendsbourg nous nous trouvâmes dans le duché de Holftein. Le vers latin

Eydora Romani terminus Imperii.

gravé fur une porte de la ville eft relatif à cette limitation qui eft très - ancienne, quoiqu'il n'y foit queftion que de l'empire germanique qu'il plaît aux Allemands d'appeler romain.

On regarde Rendsbourg comme la meilleure fortereffe qu'il y ait dans les états du roi de Dannemarc. Il n'y a qu'environ trois mille fix cent habitans dans la ville, & leur commerce doit être bien borné puifqu'ils ont à peine trois vaiffeaux. Mais elle deviendra bientôt une ville importante, parce que le canal de Kiel ne peut manquer de lui procurer un grand commerce. La dernière éclufe fera conftruite à Rendsbourg. La rivière d'Eyder eft navigable pour de grands vaiffeaux jufques auprès de cette ville. Ceux qui le font moins peuvent y arriver & déchar- ger leurs marchandifes fur fes quais. La marée qui y monte de près de quatre pieds apporte du fable dans ce canal, & on y tient des machines flottantes qui font continuellement occupées à le nettoyer.

Les environs de Rendsbourg ne font prefque
que des landes fans aucune culture. Mais en

approchant de Kiel nous trouvâmes vers la
mer des collines & un terrain plus fertile.
Nous pafsâmes entre deux lacs, & traverfant
de nouveau l'Eyder qui n'eft là qu'un ruiffeau
coulant d'un de ces lacs dans l'autre , nous
arrivâmes le foir à Kiel. Cette ville & le pays
qui en relève faifoit partie des états de la
maifon de Holftein - Gottorp , & appartenoit à
l'empereur Pierre III chef de cette maifon. En
1773 l'impératrice de Ruffie le céda au roi de
Dannemarc en échange des comtés d'Oldenbourg & de Delmenhorft , qu'elle donna à Fréderic - Augufte de Holftein - Gottorp évêque de
Lubeck. Ces comtés furent érigés à cette occafion
en duchés par l'empereur. Par le moyen de cet
échange très - avantageux au Dannemarc le roi
pofsède aujourd'hui tout le duché de Holftein,
& le canal par lequel on fe propofe de joindre
la mer Baltique avec l'Océan fera tout entier
dans fes états.

Il y a à Kiel une univerfité fondée en 1665
en faveur des fujets allemands des duchés, par
le duc Chrétien Albert. Elle a été confidérable-
ment augmentée par le roi régnant. On y

 compte 24 profeſſeurs & environ trois cent étudians.

La ville eſt bâtie dans une petite preſqu'isle à l'extrémité d'une baie de la mer Baltique, & ſon port eſt des plus commodes pour les plus grands vaiſſeaux. C'eſt déjà une des villes les plus commerçantes du Holſtein, & elle le ſera bien davantage quand le canal qui doit joindre les deux mers ſera achevé.

Cette navigation s'opérera par le moyen d'un canal & de la rivière d'Eyder, qui paſſe à Rendsbourg & va ſe perdre à Tonningen dans la mer d'Allemagne. Le canal commence à trois milles au nord de Kiel, à l'embouchure d'un ruiſſeau qui ſéparoit ci-devant le Sleswick du Holſtein, & il formera ainſi une nouvelle limite entre ces duchés. De l'endroit où il commence juſqu'à la dernière écluſe qui eſt à Rendsbourg il y a 27 milles d'Angleterre, mais comme l'Eyder eſt navigable environ ſix milles & trois quarts au-deſſus de Rendsbourg, & a beſoin ſeulement d'être creuſé en quelques endroits, il ſuffit d'ouvrir un canal dans une longueur de vingt milles & demi pour former une communication entre les deux mers.

On a commencé à y travailler en Juillet 1777, & au mois d'Avril 1779 quand je l'exa-

minai il étoit déjà fait dans une étendue de six
milles, & on comptoit que tout l'ouvrage seroit
achevé en 1784. On suppose qu'il coûtera
tout fini deux cent mille liv. sterl. Dans le point
le plus élevé d'où l'eau coule dans des directions opposées, c'est-à-dire, vers l'océan & vers
la mer Baltique, il faut creuser à cinquante pieds
de profondeur. La hauteur perpendiculaire de
ce point au-dessus du niveau de la mer Baltique est de vingt-cinq pieds six pouces. Au-dessus
de l'océan de vingt-trois pieds. Les vaisseaux
seront élevés au moyen de six éclufes. La cou-
pure aura cent pieds de largeur par le haut,
& cinquante-quatre en bas, les éclufes vingt-
sept pieds de largeur & cent de longueur, la
plus grande profondeur de l'eau sera de dix
pieds. L'Eyder & les lacs voisins fourniront
l'eau nécessaire. Des vaisseaux d'environ cent
vingt tonneaux pourront naviger dans ce canal.

Il suffit de jeter les yeux sur une carte de
Dannemarc pour se convaincre de l'utilité de
cette entreprise. Jusqu'ici les plus petits vaisseaux qui partent de quelque port de Dannemarc pour aller dans l'Océan doivent faire le
tour de la presqu'isle de Jutlande, & peuvent
être long-temps retenus par des vents contraires. Cette navigation est sujette à tant d'in-

convéniens que les marchandifes qu'on embarque à Copenhague pour Hambourg, font
ordinairement envoyées feulement jufqu'à Lubeck, d'où on les tranfporte par terre à Hambourg. Au moyen du canal les vaiffeaux d'un
certain port pourront paffer immédiatement de
la mer Baltique dans l'Océan, & arriver avec
leur charge dans le port de Hambourg, ou
même dans les ports de la Hoilande, qui en
temps de guerre tire beaucoup de fucre &
d'autres marchandifes des Indes occidentales par
le Dannemarc.

Le 12 Avril. Après avoir examiné le canal &
la ville de Kiel nous continuâmes notre route,
& après avoir fait environ dix-huit milles nous
nous trouvâmes dans un village dont la fituation eft fort belle, entre deux lacs, au milieu
d'un pays dont la vue a quelque chofe de
romantique, & qui eft entremêlé de bois de
hêtres & de chènes. Le plus grand de ces lacs
eft celui de Plœn dont les bords font ornés par
la ville de Plœn. C'eft la capitale du duché de
même nom qui eft échu au roi de Dannemarc
en 1761, lorfque le duc Fréderic-Charles mourut fans enfans mâles. Les ducs de Plœn def-
cendoient d'un fils de Chrétien III roi de
Dannemarc. Leur château fitué au milieu de la

ville fur un terrain élevé qui domine le lac
forme l'afpect le plus pittorefque.

Le lendemain nous traversâmes dans la matinée un pays inégal & varié, abondant en pâturages, en champs & en bois, & après une route de quelques milles nous fortîmes des états du roi de Dannemarc & nous arrivâmes à midi à Lubeck.

En parcourant la Suède & le Dannemarc, j'obfervai avec beaucoup de curiofité & d'attention plufieurs de ces groffes pierres rangées en cercles réguliers qu'on rencontre fréquemment, non-feulement dans ces deux pays, mais auffi dans le nôtre. Je vais conformément au plan de cet ouvrage décrire ceux de ces cercles qué j'ai obfervés, je propoferai enfuite quelques remarques fur leur origine & leur deftination.

J'obfervai dans la province de Veftro-Gothie, entre Kalunge & Lidkiœping, fur le fommet d'une colline, deux maffes informes de granit rouge élevées des deux côtés du grand chemin. La plus grande avoit quinze pieds de hauteur & cinq empans & demi de largeur. L'autre n'avoit que douze pieds de haut, fix empans de largeur, & l'une & l'autre n'avoient que quatre pouces d'épaiffeur.

Dans une plaine près de Runneby dans la

province de Blekinge j'obſervai pluſieurs rangs de pierres placées debout & formant divers cercles qui ſe rapportoient tous manifeſtement à un même objet. Je comptai au moins dix de ces cercles, & parmi ceux qui étoient le mieux formés j'en obſervai un compoſé de huit pierres dont le diamètre étoit de cinq pas, un autre compoſé de dix pierres avoit ſept pas de diamètre. Le plus grand nombre des pierres avoit entre deux & quatre pieds de hauteur. La plus élevée de toutes ne paſſoit pas dix pieds.

Il y a auſſi près de Skillinge à une poſte de Carlſcrona pluſieurs monumens du même genre ſur un rocher élevé, diſpoſés en pluſieurs ovales & cercles. La plus grande partie eſt de pierres brutes, un petit nombre eſt de pierres taillées plates & larges, d'autres reſſemblent à des eſpèces de piliers rendus pointus par le bout d'une manière très-groſſière. Au ſommet du roc pluſieurs rangs concentriques renferment un eſpace d'environ dix pieds de diamètre, au centre duquel ſont deux pierres plates de trois pieds de haut, placées ſur les côtés, & entre ces deux pierres on voit un vieux tronc d'arbre à demi détruit, qui eſt le reſte d'un arbre autrefois planté dans ce lieu. Il me

parut que c'étoit un chêne , & un partifan du
fyftème qui veut que ces cercles de pierres foient

des reftes du culte des Druïdes , pourroit
avec un peu d'imagination confidérer ce chêne
comme ayant été le *chêne central* , en cas qu'on
puiffe fuppofer que la religion des Druïdes ait
jamais été connue dans cette partie du nord.
La plus grande de ces pierres avoit environ
douze pieds de haut. Au midi du même village
il y a de pareils reftes de l'antiquité dont le
plus élevé a dix - huit pieds , & nous obfervâmes prefque partout en Suède de femblables
monumens.

Dans les îles danoifes , dans le Sleswick &
le Holftein , ces cercles ne font pas moins communs qu'en Suède , mais les pierres n'étoient
pas d'une groffeur confidérable ; je n'en vis
que fort peu qui euffent plus de fix ou fept
pieds. J'en obfervai dans un endroit deux qui
étoient affifes fur le côté , & qui portoient un
roc informe pofé horifontalement. Voici la defcription d'un de ces monumens telle qu'elle fe
trouve dans le journal du colonel Floyd.

« A trois ou quatre milles de Corfœr, à l'ex-
» trémité d'un bois qui eft fur un cap, j'ob-
» fervai un des plus parfaits de ces anciens
» monumens. C'étoit un monticule de terre

» au sommet duquel étoient placés à de petites
» distances de grands rochers coniques de gra-
» nit, qui enfermoient un espace ovale fort
» étendu. Dans le centre, & sur le point le
» plus élevé, une masse énorme & informe de
» granit étoit posée horisontalement sur quatre
» autres pierres presque enterrées. Au sommet
» d'un autre monticule voisin étoit une autre
» grosse pierre placée de la même manière sur
» quatre autres ; j'y remarquai quelques restes
» de fossés & de coupures, mais les broussailles
» qui couvroient ce lieu, & la nuit qui appro-
» choit ne me permirent pas d'en suivre la
» direction ».

J'ai fait souvent des questions au sujet de
ces monumens dans diverses provinces de Suède.
Les paysans les appeloient des *pierres gothiques*
& c'étoit une tradition générale parmi eux
qu'elles avoient été élevées par les Goths, c'est-
à-dire, dans leurs idées, par des géans qui habi-
toient autrefois leur pays. Je ne puis m'empêcher
d'observer que nous avons en Angleterre plusieurs monumens semblables, comme celui des
pierres de Rol-rich près de Burford dans le
comté d'Oxford, celui de la tête de serpent de
Overton-temple, décrit par Stukeley, ceux qui
ont été dessinés dans les antiquités de Cor-

nouailles par Borlafe. Le rang circulaire dont
M. Pennant a donné le deſſin dans ſon tour
d'Ecoſſe, ſemble ſe rapprocher le plus par ſa forme
de ceux que j'ai obſervés en Suède & en Dannemarc. Je dois obſerver encore qu'Olaüs
Wormius (ſavant antiquaire danois) & d'autres auteurs ſe ſont permis une bien grande
exagération, quand ils ont voulu établir quelque
reſſemblance entre l'énorme monument de
Stone-henge (près de Salisbury en Angleterre)
& les petits reſtes d'antiquité qu'on trouve dans
le nord, & qu'ils ſe ſont encore plus trompés
quand i's ont voulu conclure de cette reſſemblance imaginaire, que le monument de Stone-
Henge étoit l'ouvrage des Anglo-Saxons ſortis
des royaumes du nord (*).

L'origine & la deſtination de ces monumens

(*) Ce monument prodigieux qu'on a peine à regarder comme l'ouvrage des hommes, a donné lieu à
beaucoup de conjectures & d'hypothèſes que M. Coxe
rapporte, & qu'il croit toutes erronées & inſuffiſantes.
Tout ce qu'il conclud des recherches de leurs auteurs,
c'eſt que c'eſt un monument de la plus haute antiquité,
& qui appartient à des temps auxquels ni l'hiſtoire ni la
tradition ne peuvent atteindre, & ſur l'origine duquel
nous ſommes hors d'état de rien dire de certain. (*Note
du Traduct.*)

ont donné lieu à des difputes fans fin parmi les favans. Chacun les attribue à une nation & à une religion felon que fon hypothèfe favorite s'en accomode le mieux. Ainfi on les trouve défignés dans différens auteurs fous le nom de monumens Celtiques, Pictes, Cambriens, Gothiques, Danois (1), Saxons. D'autres les attribuent uniquement aux Druïdes; ce qui eft fort commode pour abréger les recherches & cacher fon ignorance.

Quoique ces monumens foient indubitablement très-anciens & par cela même fe dérobent à toutes nos recherches, cependant l'hiftoire nous autorife à croire qu'ils n'ont pas eu tous la même deftination. Quelques-uns devoient fervir à conferver le fouvenir d'un événement important; d'autres étoient des tombeaux; la plupart marquoient un lieu deftiné au culte, ou en étoient les objets (2).

----

(1) Olaüs Wormius fuppofe que tous les monumens de cette efpèce, qu'on trouve dans les isles Britanniques, font l'ouvrage des Danois. Mais c'eft-là un effet des préjugés nationaux, car ils exiftoient dans ces isles avant que l'hiftoire faffe aucune mention des Danois.

(2) On trouve chez les anciens payens plufieurs exemples d'un culte rendu à des pierres, & il paroît que ce culte n'a pas été inconnu aux nations du Nord. J'en

Dans les premiers âges du monde nous trou-
vons qu'on élevoit des pierres dans ces diverfes
vues, & que cet ufage a été celui de différentes
nations. Il feroit fuperflu d'en donner ici la
preuve. Je renvoie le lecteur aux traités de
Borlafe fur les monumens de cette efpèce qui
fe trouvent dans notre pays, comme à ce qu'il
y a de meilleur fur ce fujet. Comment peut-on
borner à une nation en particulier, ou à une
religion des ufages qui ont appartenu à toutes
dans ces temps reculés, ou comment peut-on
en fixer les époques tandis que plufieurs de ces
monumens ont été érigés avant l'ère chrétienne,
ou avant qu'il y eût dans ces pays aucune
hiftoire écrite ou même aucune tradition certaine qui pût en conftater l'origine ?

---

citerai un tiré d'une ancienne chronique d'Islande,
Kriftni Saga, page 13. Avant que les Islandois euffent
embraffé la foi chrétienne, ils alloient adorer à Gilia
une pierre, dans laquelle ils croyoient qu'habitoit leur
génie tutélaire.

Fin des Voyages de M. Coxe.

VOYAGE

EN

NORVÈGE.

PAR M. MALLET.

AVERTISSEMENT.

AVERTISSEMENT.

LA fituation de ce royaume n'invite pas les étrangers à y voyager. Il n'eft fur le chemin d'aucun pays, d'aucune ville remarquable. Il n'eft plus depuis long-temps le féjour de fes maîtres ; ainfi il n'y a point de cour qui puiffe engager par l'attrait des plaifirs, ou par l'efpérance de la fortune à tenter un long & pénible voyage. Il eft vrai que les Anglois, les Hollandois, les habitans de plufieurs villes de la Baffe-Allemagne ont de grandes liaifons avec les Norvégiens ; mais ce ne font que des liaifons de commerce. Ils fréquentent leurs ports, ne pénètrent point dans le pays, ne fongent guères à l'étudier, & encore moins à le décrire, & s'en retournent auffi-tôt que leurs affaires font finies. Rien de plus rare qu'un voyageur qui va par terre

en Norvège, & parcourt ce royaume uniquement pour fatisfaire fa curiofité.

Il eft réfulté néceffairement de-là que la
Norvège eft un des pays de l'Europe les moins
connus, & fur lefquels on trouve le moins
de lumières dans les livres, en proportion
de fon importance, de fa vafte étendue, des
chofes curieufes qu'il renferme, & du mérite
de la nation. Celle-ci feroit même dans le
cas de fouhaiter qu'on fe fût borné à ne
pas la connoître ; car on a fuppléé, comme
c'eft l'ordinaire, à ce qu'on ignoroit, par
des erreurs & des menfonges.

Je ne connois en françois aucune relation de la Norvège qui mérite la moindre
attention. Ce qu'on trouve dans cette langue
fur ce pays, dans des ouvrages qui avoient
le Dannemarc pour objet principal, fe
réduit à quelques pages, à quelques faits
tronqués, ou à de fimples ouï-dire, le plus
fouvent très-peu fondés.

Cette confidération m'a engagé à préfenter avec moins de défiance le petit
ouvrage qu'on va lire. Il pourra fuppléer
jufques à un certain point au filence des
auteurs de qui on eût pu attendre une
defcription plus complète. A la vérité, le
voyage que j'ai fait en Norvège eft déjà
ancien, & le pays a pu changer dès-lors à
bien des égards. D'ailleurs, ce voyage eft
borné à quelques provinces méridionales,
& enfin je l'ai fait dans un âge où l'on
n'eft point encore en état de bien juger
d'un grand nombre de chofes; mais auffi
je ne le préfente point tel que je le trouve
dans les lettres que j'écrivis fur les lieux à
un de mes amis. Un long féjour en Dannemarc & des liaifons avec des perfonnes
très-inftruites m'ont mis en état de rectifier
mes propres obfervations, de les étendre,
d'y fuppléer. C'eft donc le réfultat de ces
obfervations, & de ce travail continué à
diverfes reprifes que je préfente aujourd'hui

L ij

au public. Je lui conferverai la forme épif-
tolaire qu'il a eue dès le commencement.
On excufera mieux dans une lettre la négligence avec laquelle ce voyage eft écrit ;
les réflexions quelquefois hafardées, & furtout les digreffions fréquentes que je me
fuis permifes.

J'ai voulu fuppléer au filence de M. Coxe,
qui, dans fon ouvrage, nous fait connoître
tous les royaumes du Nord, excepté celui-ci.
Je fens que pour fuivre fon plan & l'imiter, il m'eût fallu, outre le fecours de fon
favoir & de fes talens, des connoiffances
plus approfondies de mon fujet. Mais en
attendant de cet auteur, ou d'un autre, quelque chofe de complet, on pourra du moins
trouver dans ma relation quelques détails
intéreffans fur l'exactitude defquels on pourra
compter.

Au défir de voir un pays fingulier &
nouveau pour moi, fe joignoit celui de me

mettre en état de parler de la Norvège avec connoissance de cause dans l'Histoire de Dannemarc que je venois d'entreprendre. La Norvège fait depuis long-temps une partie si considérable de la monarchie Danoise, qu'il me paroissoit indispensable de la connoître au moins dans ses rapports principaux à la politique, au commerce, au caractère des habitans, &c. Des personnes distinguées par leurs lumières & par leur rang, qui avoient bien voulu approuver le projet d'écrire en françois une histoire de Dannemarc, approuvèrent ce voyage, & le facilitèrent avec la même bonté. Je ne puis m'empêcher de nommer à cette occasion M. le comte de Moltke, grand-maréchal de la cour, & M. le comte de Bemstorff, ministre d'état qui secondoient avec tant de zèle, d'intelligence & de bonté, les vues d'un prince, auquel on ne proposa jamais aucune entreprise utile sans éprouver les effets de sa protection la plus marquée.

Avec cette approbation refpeſtable , & des lettres de recommandation pour des perfonnes qui pouvoient m'être les plus utiles , je partis de Copenhague le 8 Juin 1755, & j'arrivai le même jour à Elfeneur fur les bords du détroit du Sund.

VOYAGE

E N

NORVÈGE.

J'arrivai à Elseneur de bonne heure, & je me hâtai de profiter du reste de la journée pour me promener au bord de la mer ; le spectacle de ce fameux détroit (1) a quelque chose

---

(1) Le *détroit* du Sund, c'est-à-dire, la partie la plus étroite du Sund qu'on traverse ordinairement pour aller de Dannemarc en Suède, est entre les villes d'Elseneur & d'Elsingbourg. Le *canal* du Sund s'étend au midi de ces deux villes entre la Scanie, aujourd'hui province de Suède, & l'isle de Sélande en Dannemarc dans une longueur d'environ 20 lieues, & va toujours en s'élargissant. Rien de plus commun que les méprises & la confusion dans laquelle les auteurs de livres de

de magnifique. Il eſt bien rare dans cette ſaiſon où la mer eſt libre d'en jouir pendant quelques heures ſans le voir animé par le paſſage d'un grand nombre de vaiſſeaux qui entrent dans la mer Baltique ou qui en ſortent. Et on comprend ſans peine que cela doit être, puiſqu'il paſſe par le détroit du Sund environ huit mille vaiſſeaux annuellement. Si l'on prend le moment où le vent change, après avoir ſoufflé long-temps dans la même direction, tous les vaiſſeaux que ce vent avoit retenus au-deſſus ou au-deſſous du détroit en profitent pour continuer leur route, & on peut voir alors dans l'eſpace de peu d'heures deux à trois cent vaiſſeaux paſſer ſous ſes yeux dans un canal qui n'a pas une lieue de largeur (1). D'un côté

___

géographie & de voyages ſont tombés faute de diſtinguer le détroit du Sund, proprement dit, d'avec le canal du Sund.

(1) Des perſonnes qui l'ont paſſé ſur la glace prétendent qu'il a 5578 pas ordinaires. Mais cette meſure eſt bien vague. Je trouve dans l'atlas de Pontoppidan que le Sund a 1331 braſſes. L'auteur des Lettres ſur le Dannemarc & le géographe Buſching lui donnent le même nombre de toiſes. Pour éviter toute ambiguïté, j'obſerverai que les braſſes dont parle l'évêque Pontop-

ce font les rivages de Sélande, la ville d'Elſeneur, le beau château de Cronembourg, des villages, des parcs, de belles prairies, des maiſons de plaiſance de princes & de particuliers; de l'autre, les côtes moins peuplées, mais pittoreſques de la Scanie, avec Elſingbourg & la tour de ſon vieux château. Dans l'éloignement on voit s'élever au ſud, entre les deux rivages, la petite iſle de Hveene, ſi célèbre par le château d'Uranibourg, & les belles obſervations de Tycho-Brahé. A peine exiſte-t-il aujourd'hui quelques ruines d'un établiſſement qui devoit être éternel; & elles rappellent peut-être même plutôt les triſtes effets de l'envie que les découvertes ſublimes de ce grand homme.

Ce qui relève, à mon gré, la magnificence de ce ſpectacle unique peut-être dans le monde, c'eſt la beauté de la couleur de la mer Baltique. Accoutumé au cryſtal & à l'azur des lacs de la Suiſſe, & aux rivages charmans qui les bordent, je vous avouerai, *Monſieur*, qu'en allant en Dannemarc par la Hollande, je fus attriſté au premier aſpect de l'Océan germanique, & de

---

pidan (en danois *Faune*) font une meſure équivalente à ſix pieds danois, lequel pied eſt le même que celui du Rhin qui eſt au pied de Paris comme 1391 à 1440.

ses côtes sablonneuses, arides, souvent noyées par les flots d'une eau sale & noirâtre, que je suivis depuis Amsterdam jusqu'à Hambourg. Je ne m'attendois pas à retrouver ensuite sur les bords de la mer Baltique presque tous les agrémens de mes lacs. Ses bords sont composés de collines entremêlées de superbes forêts de hêtres, de champs, de belles prairies. Ses eaux sont de couleur bleuâtre & le plus souvent très-claires. On peut, à plus d'un autre égard, comparer cette mer à un grand lac. Elle n'a presque point de marées. Elle est si peu profonde que la sonde y compte rarement au-delà de cinquante toises. Il s'y jette tant de rivières, que l'eau n'en est que peu salée, & ces rivières y versent tant d'eau, qu'elle se vuide à son tour continuellement dans l'Océan par trois détroits qu'on peut regarder comme de larges fleuves, les deux Belt & le Sund, dont les courans vont du sud au nord, à moins que des vents longs & violens n'en changent pour un temps la direction.

Ce seroit grand dommage, *Monsieur*, qu'une mer si belle & si utile ne jouît pas d'une aussi longue existence que tant d'autres qui ne la valent pas. J'ai eu long-temps quelqu'inquiétude à ce sujet, sur la parole de *Celsius*, de *Dalin*, & d'autres savans Suédois, dont l'au-

torité m'en impofoit avec raifon. J'avois lu
dans l'hiftoire de Suède de Dalin qui s'appuyoit
lui-même fur des autorités refpectables, que
quelque temps avant l'Ere Chrétienne, cette
mer couvroit prefque toute la Suède, & par
conféquent une immenfe étendue de pays voifins, & que les fommets feulement des hautes
montagnes de Norvège & de Suède étoient
découverts & habités. Cette diminution étoit,
felon Celfius, au moins de quarante-cinq pouces
par fiècle, d'où l'on pouvoit conclure qu'une
mer auffi peu profonde étoit menacée d'une fin
prochaine. Ce fyftème alarmant étoit appuyé
fur une infinité d'obfervations & de calculs qui
ne laiffoient pas le moindre rayon d'efpérance.

Et je trouvois moi-même dans l'ancienne
hiftoire de Dannemarc plufieurs faits qui lui
prêtoient une [nouvelle force. Mais j'ai été
raffuré par le continuateur des Lettres fur le
Dannemarc (1) qui a fait fur ce fujet des
recherches & des réflexions bien judicieufes.
Je les tranfcrirai ici en votre faveur, *Monfieur*,
afin de prévenir ou de diffiper les inquiétudes
que vous pourriez avoir fur ce fujet.

---

(1) M. Reverdil, confeiller d'état du roi de Dannemarc.

» Si les eaux baiſſoient de niveau, dit M. R.,
» il en feroit de même dans toute l'étendue des
» mers, leur décroiſſement feroit furtout fen-
» ſible dans les pays plats, & les monumens
» nous en fourniroient les preuves. Je fus frappé
» de cette réflexion après un petit voyage que
» je fis dernièrement à Saltholm. C'eſt une isle
» d'un mille de long, dans le canal du Sund,
» à deux lieues de Copenhague. Elle eſt ſi baſſe
» qu'elle eſt inondée tous les hivers ; la mer
» s'y élève de trois ou quatre pieds. Suivant
» le ſyſtème de la diminution de la mer, cette
» isle devroit être tout-à-fait nouvelle, &
» cependant il eſt prouvé que depuis deux
» ſiècles & demi elle fert de pâturage aux bef-
» tiaux de la colonie Hollandoiſe de l'isle
» d'Amac ; que même en 1230 elle fut donnée
» à l'évêque & au chapitre de Rofchild. Or il
» eſt viſible, que ſix pieds d'eau l'inonderoient
» toute entière, & que ſi la mer diminuoit de
» quarante-cinq pouces par an, elle auroit dû
» être encore enfevelie dans ſes flots il n'y a
» guères plus d'un ſiècle ».

Je ne pouvois me réfoudre à perdre de vue
ce baſſin magnifique que forment les deux bords
du Sund & l'isle de Hveene. Outre tout ce que
cette vue a d'enchanteur en elle-même, elle

rappelle à l'esprit un grand nombre d'événemens
mémorables, dont le détroit du Sund a été
le théâtre. Je ne vous ferai point cependant la
description de ce pont superbe que le roi
Harald I jeta sur le Sund sans en avoir l'inten-
tion, & seulement en rangeant sur une ligne
la flotte avec laquelle il alloit attaquer les Suédois. Xerxès vous a préparé & accoutumé à de
pareils prodiges. Cette ligne alloit d'une rive à
l'autre sans aucun vuide, tant le nombre des
vaisseaux étoit prodigieux, ensorte que l'on
passoit très-commodément à pied de Sélande en
Scanie.

L'historien Saxon, que son savoir a fait nommer le *grammairien*, nous a appris ce fait intéressant, & s'il n'a pas pu en être le témoin,
il le tient d'ailleurs, ainsi que tous les détails de
cette guerre, d'un poëte qui y avoit assisté,
& dont il avoit l'ouvrage entre les mains. L'autorité d'un poëte, commenté par un grammairien, vous paroîtra sans doute, Monsieur, plus
que suffisante pour constater une chose aussi
vraisemblable.

Mais ce que la vue du Sund me rappeloit, avec
plus de vivacité, & dont j'étois affecté, avec
plus de raison, c'étoit cette fameuse journée du
29 Octobre 1658, où trente-cinq vaisseaux Hol-

landois du premier rang, commandés par l'amiral Opdam, vinrent attaquer la flotte supérieure des Suédois dans le moment où leur roi Charles-Gustave, après avoir conquis tout le Dannemarc, à la réserve de la capitale qu'il assiégeoit, n'attendoit que l'issue de cette bataille pour achever la destruction de la monarchie, & devenir le souverain du Nord, le maître du Sund, & peut-être l'arbitre de l'Europe entière.

Représentez-vous, Monsieur, le spectacle de deux grandes flottes sur le point de livrer un combat qui va décider du sort d'un roi, d'une nation entière, d'une des plus anciennes monarchies de l'Europe. D'un côté, c'est ce prince devenu l'homme du monde le plus intéressant par ses malheurs, par sa constance & son courage intrépide qui, dans quelques heures, va voir son trône affermi ou renversé. De l'autre, c'est un roi jusqu'ici toujours victorieux, triomphant, errant sur le rivage, plein d'agitation, d'espérance & de trouble, dans l'attente du moment qui lui assurera ou lui ravira avec sa conquête la plus grande partie de sa gloire. C'est un peuple immense qui accourt de toutes parts sur les deux rives, guidé par la curiosité, la crainte ou l'espérance. A quelque distance, les habitans d'une capitale assiégée & réduite aux

dernières extrémités , comptent avec anxiété
tous les momens qui s'écoulent. Ils compren-
nent par le bruit confus & terrible de l'artillerie
que dans quelques momens ils entendront l'ar-
rêt qui doit les fauver ou les livrer à la vengeance de leurs ennemis. Réuniffez tous les
traits de ce tableau dans l'efpace de quelques
lieues de pays , & dans l'intervalle de quelques
heures, & vous aurez l'idée d'une des fcènes
les plus grandes & les plus frappantes dont
aucun homme ait pu être le témoin. Il eft jufte
de vous en rappeler le dénouement.

Dès que la flotte Hollandoife fut en face du
château de Cronembourg, Charles qui obfervoit
de-là tous fes mouvemens, tira lui-même le premier coup de canon qui devoit fervir de fignal,
& ordonna qu'on fît de continuelles décharges
de toute l'artillerie de cette forterefſe & de celle
d'Elſingbourg qui eſt vis-à-vis. Mais un petit
nombre de boulets atteignit les Hollandois qui
répondant par un feu fupérieur , faillirent même
à tuer la fœur du roi dans le château à peu de
diftance de ce prince.

L'engagement entre les deux flottes commença de la manière la plus terrible. Wrangel,
amiral Suédois , brûlant d'impatience de fe
fignaler par un coup d'éclat , ordonna à fes

principaux officiers de faire les derniers efforts pour envelopper l'amiral Hollandois. Et pour les animer par son exemple, il alla à lui avec plus de valeur que de prudence ; mais bientôt environné lui-même de sept vaiſſeaux Hollandois qui furent profiter de l'avantage du vent, il fut mis hors de combat, & il ne regagna la rade qu'avec peine ſur ſon vaiſſeau briſé & prêt à couler à fond.

L'action devint alors générale & des plus ſanglantes, & l'acharnement des deux armées égala tout ce qu'on avoit jamais vu dans les plus fameuſes batailles de mer. Les Hollandois perdirent leurs deux vices-amiraux, cinq capitaines de haut-bord, huit cent hommes, & le vaiſſeau d'un de leurs vice-amiraux ; mais la perte des Suédois fut bien plus conſidérable, & quoiqu'ils tâchaſſent de la diſſimuler, l'événement qui ſeul dit la vérité, prouva que les' Suédois étoient vaincus.

Ils ſe retirèrent avec précipitation dans le port de Landſcrone, où ils furent pourſuivis & bloqués, & ce qui étoit l'objet du combat, les Hollandois forcèrent le paſſage du Sund, & jetèrent du ſecours dans Copenhague. Deux mille hommes & un grand convoi de munitions de guerre & de bouche qui ſuivirent de près

cette

cette grande nouvelle, mirent le comble à la joie des affiégés. Quelque temps après, Charles effaya cependant encore d'emporter d'affaut cette ville dont la conquête lui eût, malgré cet échec & malgré les Hollandois, affuré celle du Dannemarc entier; mais repouffé avec une grande perte, & dès-lors défefpérant pour la première fois de la fortune qui l'avoit toujours fi bien fervi, trop fier cependant pour s'accoutumer à fes difgraces, il ne fit que languir, & mourut un an après, à ce que l'on a cru, des fuites du chagrin qui le confumoit.

Le 9 Juin. Je paffai le Sund par un temps très-favorable, & en moins d'une heure. Je ne vous dirai rien de la ville d'Elfingbourg où l'on met pied à terre. Elle n'a rien de remarquable; mais comme c'eft de ce côté la première ville de Suède, on y vifite les malles des voyageurs, & ils y prennent ordinairement de la monnoie du pays. J'y en changeai pour la valeur de trente écus de Dannemarc, & la monnoie qu'on me donna étant toute de cuivre me mit dans un grand embarras. Ni mes poches, ni celles de mon domeftique ne pouvoient en contenir qu'une petite partie, fans nous mettre hors d'état de nous mouvoir. Il fallut en laiffer beaucoup dans les malles & dans la voiture. (Les chofes ont bien changé dès-lors en Suède. Sous le règne actuel, les opérations du gouvernement ont rendu la monnoie d'argent bien plus commune, & les voyageurs peuvent s'en procurer partout).

Je traverfai ce jour-là, & une partie du fuivant la province de Scanie, allant toujours au Nord fans perdre de vue les côtes. Les chemins étoient très-bons, le pays inégal, mais en général agréable & affez bien cultivé. De belles forèts que je trouvois de temps en temps varioient le payfage. J'avois déjà affez de connoiffance de la langue du pays pour m'appercevoir qu'elle différoit de celle que parle le payfan de Sélande ; moins, à la vérité, dans l'effence des mots, que dans les terminaifons & l'accent. De la Scanie je paffai dans la province de Hallande, où je vis les villes d'*Engelholm* & de *Laholm* qui ne font que des bourgs. Les auberges y font affez propres, & on y eft reçu avec honnèteté ; mais il ne faut pas chercher beaucoup de commodités dans des pays peu riches & peu fréquentés par les voyageurs. Ils doivent fe contenter de trouver partout de bonnes gens, d'excellens chemins, des poftes très-bien fervies, & à très-bon marché.

Le 11 Juin. *Helmftadt* que je trouvai après

Laholm eſt la capitale de la Hallande. C'eſt une
aſſez jolie ville, petite, mais bien bâtie, les
rues en ſont droites & larges; un rang d'arbres
plantés des deux côtés lui donne quelque
reſſemblance avec les villes de Hollande. Les
habitans témoignèrent une aſſez grande curioſité
de ſavoir ce qui m'appeloit en Suède, & pour
m'engager à m'expliquer ils me marquèrent un
empreſſement dont je ne pus d'abord qu'être
flatté. Mais je ne tardai pas à m'appercevoir que
je leur étois bien moins obligé que je ne penſois.
Ceux qui étoient les plus ſincères m'apprirent
enfin ſans détour qu'on eſpéroit que j'avois ſu
cacher dans ma voiture des étoffes de ſoie, des
rubans, de la gaze, & d'autres choſes de cette
eſpèce qui ſont fort chères en Suède depuis
qu'on y a établi des fabriques; quand je les
eus déſabuſés, je ceſſai bientôt d'être un homme
intéreſſant pour eux. Ce n'eſt pas tout-à-fait
ſans raiſon qu'on regrette dans quelques états
du Nord le temps où l'on y introduiſoit librement des marchandiſes étrangéres. Celles qu'on
y a ſubſtituées n'ont ſur les premières que le
mérite d'être fabriquées dans le pays. Elles
leur ſont très - inférieures pour la qualité, &
elles coûtent beaucoup plus. Il faudra bien du
temps pour anéantir cette double différence, ſi

M ij

jamais elle peut être tout-à-fait détruite. Le défaut des matières premières, le peu d'abondance des denrées, la rareté des hommes, les longs hivers, les longues nuits, &c. tout est ici contre les peuples du Nord. Ce n'est point dans la carrière de l'induſtrie qu'ils peuvent eſpérer de l'emporter ſur ceux du midi, ou même de les égaler; mais tous leurs voiſins doivent ſouhaiter qu'ils s'affermiſſent dans le ſyſtème qu'ils ont adopté à l'imitation du reſte de l'Europe, qu'ils deviennent des peuples de commerçans, de fabriquans, d'artiſans; qu'ils rendent hommage aux richeſſes & au luxe; qu'on ne puiſſe plus dire de leur pays qu'il ne produit *au lieu d'or que du fer & des ſoldats.* Après tout, en devenant moins redoutables aux autres nations, en jouant un rôle moins brillant dans l'hiſtoire, ils feront peut-être encore, quoique avec une induſtrie & des ſuccès bornés dans les arts, un peuple plus nombreux & plus heureux que ne l'étoient les hordes pauvres, inquiètes & toujours guerroyantes des Goths & des Normands leurs ancêtres.

La province de Hallande eſt montueuſe, mais aſſez bien cultivée, elle offre preſque partout des payſages & des points de vue charmans. On la quitte pour paſſer ſur une langue de terre qui s'avance dans la mer, & qui fait partie NORVEGE. de la province de *Veſtro-Gothie*. Quand mon poſtillon m'apprit que j'étois en Veſtro-Gothie, & par conſéquent, ſuivant l'opinion commune, dans la patrie de ces anciens Viſigoths qui ont brûlé, pillé, ſaccagé Rome, l'Italie, & la plus belle partie de l'Europe, je ne pus me défendre d'un ſentiment confus de ſurpriſe, d'admiration & d'effroi. Je cherchois avec inquiétude dans la phyſionomie des habitans ces traits que devoient conſerver encore les deſcendans d'Alaric & de ſes compagnons, de ces *vainqueurs des vainqueurs de la terre*, comme diſoit *Scudery*, ſi digne de chanter des Viſigoths (1). Mais ces idées ſe diſſipèrent bientôt. Plus j'obſervois, plus je croyois voir une nation douce & hoſpitalière, & j'ai eu depuis des occaſions de m'aſſurer que la Veſtro-Gothie & l'Oſtrogothie

---

(1) *Scudery*, ſuivant l'opinion alors reçue, croyoit que les Viſigoths qui prirent Rome d'aſſaut étoient ſortis de Suède ; & dans cette idée, il compoſa ſon poëme épique d'Alaric pour faire ſa cour à la reine Chriſtine qui comptoit, diſoit-il, Alaric pour un de ſes ancêtres. Chriſtine honora l'auteur & le poëme, mais Boileau, comme on ſait, ne fut pas de l'avis de cette princeſſe.

même font peuplées d'hommes très-éclairés & très-polis.

Gothembourg étoit bien propre à me replacer dans le vrai point de vue. J'y arrivai le 12 Juin. Cette ville doit être comptée, *Monſieur*, dans le nombre des plus jolies de l'Europe. Rien de plus riant & de plus ſingulier au premier coup-d'œil. Elle eſt très-bien peuplée, & aſſez bien bâtie, quoique preſque toute en bois; mais on auroit tort de ſe figurer les maiſons de bois qu'on trouve dans les bonnes villes de Suède & de Norvège comme des cabanes qui annoncent la misère. Ce font de jolis bâtimens réguliers & bien conſtruits, avec de bonnes fenêtres, peints extérieurement, & très-propres dans l'intérieur. Le beau fleuve de Gothie qu'on nomme en ſuédois *Gœtha-Elf* (1) traverſe cette ville

---

(1) Le mot de *Elf*, qui, dans d'autres dialectes, ſe prononce *Elb* ou *Alb*, ſe donne en Suède & en Norvège aux fleuves conſidérables qui viennent des *Alpes* ou des grandes montagnes. C'eſt de-là ſans doute que l'*Elbe* a pris ſon nom. Le mot d'*Alp* a donc été en uſage aux extrémités du Nord, comme au Midi pour déſigner une haute montagne, & il appartient probablement à la plus ancienne langue qui ait été parlée en Europe.

J'abrège ici ce que je trouve dans mon Journal ſur

& y forme plufieurs canaux , par le moyen defquels d'affez gros vaiffeaux peuvent pénétrer
bien avant. Les femmes paroiffent ici très-bien
faites , mais comme elles ne fortent que fcrupuleufement voilées , je ne puis , *Monfieur* ,
vous en dire davantage fur ce fujet intéreffant ,
que vous avez recommandé à ma curiofité.

En fortant de Gothembourg , j'ai fuivi long-
temps le *Gœtha-Elf* , dont la largeur , la limpi-
dité & les bords pittorefques me faifoient un
grand plaifir.

J'ai paffé devant la fortereffe de Bahus ,
d'où la petite province qui en dépend a pris
fon nom. Le château de *Bahus* joue un grand
rôle dans l'hiftoire des guerres du Dannemarc
& de la Suède , & il a fouvent changé de
maître , comme toutes les places frontières.
C'eft par la nature des lieux un pofte de conféquence; il eft bâti fur un rocher qu'environne
le fleuve. On m'affura qu'il étoit très-fort. Tout
ce que j'en puis dire , c'eft que fa fituation &
fa conftruction fingulières forment de loin &
pendant long-temps un point de vue très-
pittorefque.

la ville de Gothembourg pour ne pas répéter ce qu'en
a dit M. Coxe dans fes Voyages.

Après avoir traverfé le Gœtha-Elf dans un endroit où il y a une cataraƈte, je fuis arrivé à *Uddewalla*, petite ville où fe fait un affez grand commerce de máts, de poutres & de planches. La montagne voifine qui eft affez élevée, n'eft dans fa totalité qu'un banc immenfe de coquillages pétrifiés, à peine recouverts de quelques pouces de terre. *Linnæus* en parle fouvent dans fes ouvrages fur l'hiftoire naturelle de Suède. Je pourrois enrichir cette lettre de fes obfervations, fuivant un ufage très-ordinaire, & peut-être même fans le citer, ce qui n'eft pas beaucoup plus rare; car les ouvrages favans & profonds, comme ceux de Linnæus, font fouvent mis à contribution par des écrivains qui oublient de les citer. Mais je me borne à vous indiquer, *Monfieur*, la fource où vous pourrez puifer.

En s'éloignant d'*Uddewalla* on trouve un pays de plus en plus inégal & montueux. Les bancs de granit paroiffent, & s'étendent dans tous les fens.

La province de Bahus eft limitée au Nord par une baie qui la fépare de la Norvège. Cette baie fe nomme dans la langue du pays le *Fiord* de Swine-Sund. Le mot de *Fiord* qui répond au mot anglois ou écoffois de *Firth*, défigne

une efpèce de baie ou de golfe qui eft prefque
particulière aux trois royaumes du Nord & à
l'Ecoffe. Ce font des baies étroites, & qui pénètrent très-avant dans les terres, où elles fe
divifent en plufieurs bras. En Norvège, &
dans une partie de la Suède ces baies font fouvent bordées des deux côtés de rochers de
granit, prefque toujours élevés à la même hauteur au-deffus du niveau de la mer. Les rochers
qui environnent Stockholm m'ont paru à l'œil
de la même hauteur & de la même nature que
ceux du Swine-Sund en Norvège, & que bien
d'autres qui font à la même diftance de cette
ville. Cette obfervation mériteroit peut-être que
quelque favant exercé dans ces matières la véri-
fiât. Je ne vous la propofe, *Monfieur*, que
dans cette vue, & je m'en défie moi-même.

Encore un mot fur ce qu'on appelle un *Fiord*.
Les côtes de la mer Baltique, & plus encore
celles de la Norvège, en font criblées, fi je
puis ainfi parler. En Norvège, ils pénètrent fi
avant dans les terres que ces bras de mer fe
trouvent quelquefois à plus de trente lieues des
côtes au travers defquelles ils fe font fait jour.
Les mers de la Laponie font dans le même cas.
Il y a de pareils *Fiord* en Dannemarc, & furtout dans la prefqu'isle de Jutlande que le

Lymfiord, par exemple, traverſe preſque d'une mer à l'autre. Mais en Dannemarc les bords en ſont peu élevés, & là, comme dans preſque tout le royaume, on voit fort peu de rochers. Les *Firth* de l'Ecoſſe lui rendent de grands ſervices. Ceux de Norvège, les plus profonds de tous, lui ſont extrêmement utiles. Sans leur ſecours la navigation y ſeroit bien plus difficile, à cauſe des rochers eſcarpés qui bordent preſque toute la côte. Ils ſont à la Norvège ce que les canaux des villes de Hollande ſont à leurs habitans. Je ne vois pas que les mers du midi de l'Europe offrent la même commodité, car les embouchures des grandes rivières comme la Tamiſe, la Garonne, le Tage, &c. ſont une toute autre choſe. Quoique ſouvent un *Fiord* reçoive une rivière, on voit d'abord que ce n'eſt pas la rivière qui l'a formé. Il ſemble plutôt l'ouvrage de quelque grand bouleverſement qui a crevaſſé & briſé les rochers des bords de la mer, & dont le nord de l'Europe a été particulièrement affecté (1).

---

(1) Cette ſuppoſition ſemble ſurtout applicable aux *Fiord* de Norvège qui tout étroits qu'ils ſont ſouvent ont ordinairement cent braſſes de profondeur ſur les bords, & quelquefois trois cent & même quatre cent

Quoiqu'il en foit, le grand nombre de ces
Fiord donne à la côte de Norvège une apparence
très-singulière, & qui n'eft pas aifée à décrire.
Ces bras de mer tortueux, encaiffés partout
dans un banc de rochers de même hauteur
prefque nuds, & de couleur de cendre, dont la
forme eft prefque partout la même dans des
finuofités très-fréquentes, étonnent beaucoup un
voyageur qui parcourt pour la première fois
ce pays. J'en fus très-frappé en arrivant au
bord du *Swine-Sund*, où je m'embarquai pour
paffer en Norvège. Cette navigation fut fort
courte. Dans deux heures de temps j'arrivai
à Frédéricshald, le 13 Juin.

C'eft la première ville de Norvège qu'on
trouve fur cette frontière. Elle eft fituée à

---

dans le milieu. Ce qu'il y a de remarquable c'eft que
cette dernière profondeur fe trouve dans une efpèce
de foffé, fi je puis ainfi parler, qui eft au milieu du
Fiord dont il fuit toutes fes directions, & dont les bords
font auffi efcarpés, autant qu'on peut en juger, que
ceux du Fiord extérieur ou vifible. Les pêcheurs ont
un grand intérêt à obferver l'endroit où commence le
fecond fond, parce que c'eft-là que la pêche eft la
plus abondante, & qu'un peu plus loin ils perdroient
leurs filets. (Voyez l'ouvrage cité de l'évêque Pontoppidan, Chap. III.

l'embouchure d'une rivière qui fe jette dans le *Fiord* dont je viens de parler. Elle n'eft pas grande, mais affez riche & bien peuplée. On y fait un grand commerce de bois de charpente qui y arrive par la rivière nommée *Tistedal.* Elle n'eft défendue que par trois petits forts, & par la citadelle de *Frédéricftein*, bâtie fur un rocher qui touche à la ville, & qui eft fi efcarpée qu'on n'y monte qu'avec peine. C'eft devant cette place qu'il avoit déjà vainement affiégée deux ans auparavant, que Charles XII fut tué le 11 Décembre 1718. Tout imprenable que paroît ce fort, il étoit fur le point de fe rendre faute de provifions, lorfque la mort de ce prince extraordinaire fauva la place, la Norvège méridionale, & peut-être la Suède même qu'il alloit replonger, ainfi qu'une partie de l'Europe, dans les horreurs d'une guerre d'autant plus à craindre, que la misère & l'épuifement des peuples étoient déjà portés au plus haut degré. Le roi de Dannemarc Fréderic IV délivré d'un fi dangereux ennemi, avec lequel il n'avoit prefque ceffé d'être en guerre, fit élever fur la place où Charles avoit reçu le coup mortel, une pyramide de vingt pieds de haut, furmontée d'une couronne avec trois infcriptions, une en latin & deux en danois, fur le piédeftal qui

étoit de marbre. Mais fon fucceffeur Chrétien
VI fit détruire ce monument qui ne pouvoit
fervir qu'à perpétuer les inimitiés qu'on vouloit
fagement éteindre, & il n'en refte aujourd'hui
qu'un deffein gravé, qui eft même devenu fort
rare, & qu'on me fit voir à Frédéricshald (1).

Il y a deux petits forts fur les hauteurs voifines de Frédéricftein qui commandent cette
place. Charles XII s'en étoit déjà rendu maître.
On m'affura en Norvège que les payfans de
plufieurs provinces de Suède étoient perfuadés
que ce prince étoit encore vivant, mais qu'on
l'avoit enlevé, & qu'on le tenoit caché dans
quelque prifon ignorée. Cela n'a rien de fur-
prenant, & tous les peuples qui regrettent un
prince chéri, ou qui n'aiment pas fon fucceffeur,
font difpofés à fe bercer de pareilles chimères,
dès que les circonftances leur prêtent la plus
légère vraifemblance.

Pendant mon féjour à Frédéricshald je relus
en partie l'hiftoire de Charles XII par Voltaire
que j'avois avec moi, & que la mort de ce

---

(1) Je fupprime ici quelques anecdotes que l'on
m'apprit en Norvège, relativement à la mort de Charles XII, parce que j'en ai déjà rapporté une partie
dans mes notes fur l'ouvrage de M. Coxe.

prince me rappeloit. J'applaudis à la rapidité, à la facilité, à l'élégance de la narration, & j'aurois été difposé à paffer à ce grand écrivain fes inexactitudes ordinaires fi je l'avois trouvé moins impitoyable pour celles des autres. Ce pauvre chapelain Norberg me faifoit une forte de pitié. Avec quel acharnement il le pourfuit, & pourquoi ? parce qu'il avoit relevé quelques erreurs dans les premières éditions de fon hiftoire, parce qu'il avoit fouvent raifon contre lui, & parce qu'il étoit chapelain. Mais quand on veut avoir le droit de relever avec tant de févérité les erreurs des autres, il feroit jufte de prendre plus de peine pour ne pas en commettre foi-même de pareilles ou de plus grandes. Voltaire étoit bien éloigné de vouloir fe donner cette peine là. Je vais fans m'éloigner de Frédéricshald vous en citer quelques exemples affez remarquables.

Il ne parle que deux fois de la Norvège à l'occafion des deux expéditions qu'y fit fon héros, l'une en 1716, l'autre en 1718, & tout ce qu'il dit au fujet de l'une & de l'autre ne fait pas la valeur d'une page. Vous verrez combien de méprifes il a fu accumuler dans ce court efpace.

On ne peut aller, dit-il, de Suède en Norvège

que par des défilés après lesquels on rencontre de
distance en distance des flaques d'eau que la mer y
forme entre des rochers. Il ne peut être question
ici que des *fiord* dont je vous ai parlé, & en
particulier de celui de *Swine-Sund* que Charles
XII traversa nécessairement pour entrer en
Norvège. Or ce bras de mer ou ce golfe, &
tous les golfes pareils n'ont pas le moindre rapport à une flaque d'eau.

Charles s'étant avancé jusques à Christiania,
capitale de Norvège, la fortune recommença à lui
devenir favorable dans ce coin du monde. Charles
ne trouva d'abord aucune résistance parce que
cette partie de la Norvège étoit absolument
dégarnie de troupes; il entra avec la même
facilité dans la capitale qui est une ville toute
ouverte, mais à cela près la fortune bien loin
de lui être favorable lui fut constamment contraire; il ne put prendre ni le château d'Aggershus, ni la citadelle de Frédéricshald, ni pénétrer
plus avant dans le pays, & lassé de ces efforts
inutiles il abandonna quelques mois après la
Norvège après y avoir essuyé des pertes confidérables.

Charles, continue Voltaire, *partit* (en 1718)
une seconde fois pour la conquête de la Norvège.
Il aima mieux aller conquérir des rochers au

milieu des neiges & des glaces, dans l'âpreté de l'hiver qui tue les animaux en Suède même, où l'air est moins rigoureux, que d'aller reprendre ses belles provinces d'Allemagne.

Charles XII n'avoit peut-être jamais eu autant de raison que quand il préféroit *ces rochers de Norvège* a ses *belles provinces* d'Allemagne. La Norvège valoit mieux pour lui que ces provinces quand même elles auroient été beaucoup plus grandes & *plus belles*, & elles n'étoient ni l'un ni l'autre. Il eut acquis en se rendant le maître de ce royaume un pays qui forme dans une longueur de près de deux cent lieues la frontière de ses états, des sujets nombreux, braves & guerriers, un commerce avantageux, de bons ports sur l'océan, d'excellens matelots & tout ce qu'il faut pour former une marine, &c. Comment une pareille possession peut-elle se comparer à une petite partie d'une petite province comme la Poméranie, aux marais & aux landes du duché de Brême, pays éloignés, séparés de la Suède, qui ne lui rendoient rien, qui lui attiroient des ennemis, & qu'elle ne pouvoit défendre qu'à grands frais? Je consens qu'un historien se trompe sur le nom & la position d'un fort ou d'une ville, mais il faut quand il compare des provinces qu'il en connoisse la valeur,

valeur, & quand il écrit la vie d'un héros dont
les projets étoient rarement prudens & utiles
il faut du moins qu'il rende juſtice à ceux qui
par bonheur ont eu ce double mérite.

D'ailleurs quelle eſpérance pouvoit avoir
Charles XII d'arracher ces provinces au roi
d'Angleterre, de Dannemarc, & de Pruſſe qui
les occupoient?

Le froid tue fort peu d'animaux en Suède &
en Norvège. Les animaux ſont comme les
hommes accoutumés au climat, ils s'y portent
très-bien, & ſont très-vigoureux pour peu qu'on
en ait ſoin. Charles XII en a fait plus périr
dans une campagne que le froid pendant pluſieurs ſiécles. Le climat de la Norvège n'eſt pas
plus rigoureux que celui de Suède, à la réſerve
de la Scanie, & ſous le même parallèle. Il eſt
même plus doux ſur toute la côte occidentale
qui fait une ſi grande partie de ce royaume,
la preuve en eſt ſûre, puiſque les ports de cette
côte ſont bien moins long-temps fermés par les
glaces que ceux de Suède.

*A l'embouchure du fleuve Tiſtendal, près de la
Manche de Dannemarc, entre les villes de Bahus
& d'Anslo eſt ſituée Frédéricshall.* Je me laſſe de
relever tant de bévues. En voilà trois au moins
en deux lignes.

Tome IV.   N

C'eft la première fois qu'on entend parler de la *Manche* de Dannemarc. On ne fait ce que l'auteur veut dire. Le Dannemarc eft à cent lieues de-là, il n'a point de manche ; s'il eft queftion de la mer entre la Norvège & le Dannemarc, cette mer eft fi grande qu'elle ne peut fervir à fixer la pofition de Frédéricshald, qui d'ailleurs n'eft point fituée au bord de cette mer, mais fur une rivière & fur la baye ou *fiord* de Swine-Sund. Il n'y a point de ville de *Bahus.* C'eft un château. Il n'y a point de ville d'*Anslo*, mais il y a une ville qui fe nommoit autrefois *Opslo* & aujourd'hui *Chriftiania.* Voltaire venoit d'en parler lui-même fous ce nom. Il faifoit donc deux villes d'une feule. Il eut dit fans doute qu'il étoit affez indifférent de bien ou mal répéter des noms fi barbares. Il n'y a rien à répondre à une fi bonne raifon.

Le 16 Juin je repartis de *Frédéricshald* après un féjour affez court & je me rendis à *Frédéricftadt* qui n'en eft qu'à quelques lieues. C'eft une petite ville, ou plutôt une forterefle bâtie par le roi Frédéric II, & qui eft devenue par des additions continuelles, une des meilleures places du royaume. Sa deftination eft d'empêcher les invafions d'un ennemi qui pourroit fans cette barrière remonter la rivière de *Glummen*

fur laquelle elle eft fituée. Cette rivière eft la
plus confidérable de la Norvège, dont elle par-
court une grande partie dans fa longueur ; auffi
eft-elle nommée *Stor - Elv*, le *grand fleuve* par
excellence. On y fait flotter beaucoup de bois ,
mais la navigation en eft fouvent interrompue
par des cataractes. Il y en a une à une lieue
au-deffus de Frédéricftadt que tous les étrangers
vont voir. J'y fuis allé à leur exemple. La chûte
du fleuve ne me parut pas confidérable , mais
le fleuve eft fi large & fi profond qu'elle ne
laiffe pas de former un très-beau fpectacle.

Je ne vous retiendrai pas long-temps , *Monfieur*, à Frédéricftadt, quoique j'y aie été très-
bien reçu par le commandant M. d'*Ulricsdal* ,
dont la converfation me parut auffi agréable
qu'inftructive. Il n'y a guère de commerce dans
cette ville dont une nombreufe garnifon fait
toute la reffource.

En fortant de Frédéricftadt on traverfe un
pays ouvert, affez égal & fort agréable, & on
arrive à *Mofs* après quelques heures de route.
C'eft une jolie petite ville , & bien fituée fur le
bord d'un *Fiord*, ou baie profonde, où les vaiffeaux font en fûreté. Les habitans au nombre
d'environ trois mille font tous employés au
commerce de planches & de fer. Les fcies & les

N ij

forges y font en grand nombre, & il y auroit de quoi occuper bien plus de bras. Les négocians que j'ai vus ici fe plaignent de la rareté des ouvriers, & ce qui en eft une fuite, de la cherté de la main-d'œuvre. Les fils cadets des payfans vont en grand nombre fervir fur les vaiffeaux anglois & hollandois, furtout quand l'Angleterre équipe des flottes, & fe procure des matelots à tout prix. D'autres caufes encore auxquelles j'aurai occafion de revenir mettent ici des obftacles aux progrès de la population & de l'induftrie.

Je ne fis pas un long féjour à *Mofs*. J'étois impatient d'arriver à la capitale, où j'efpérois de trouver des inftrudtions plus sûres & plus abondantes fur la Norvège auprès des perfonnes auxquelles j'étois adreffé. Je repartis donc le lendemain matin, & j'arrivai le jour même à *Chriftiania* le 20 Juin. Le pays eft coupé fréquemment par des vallons très-agréables, & des forêts de fapins qui me fembloient délicieufes, parce qu'une chaleur déjà très-incommode me rendoit l'ombre néceffaire. Vous n'en ferez pas furpris, *Monfieur*, quand vous confidérerez combien le foleil refte long-temps fur l'horifon dans le mois de Juin au 60e. degré de latitude. Les nuits font fi claires qu'il m'eft

arrivé fouvent de lire à minuit toute forte de
caractères fans la moindre difficulté.

Chriſtiania eſt le féjour ordinaire des vice-
rois de Norvège quand il y en a , & quand il
n'y en a point ou qu'il eſt abfent , de celui qui
en exerce les fonctions. C'eſt auſſi le fiége de la
cour fuprème de juſtice du royaume , qu'il
feroit plus juſte d'appeler la cour de juſtice
fupérieure , puifqu'il y a appel de fes fentences
devant le tribunal fuprème des deux royaumes
qui fiége à Copenhague. Ainſi c'eſt avec raifon
qu'on regarde cette ville comme la capitale de
la Norvège. Elle eſt auſſi le fiége de la cour de
juſtice de la province , d'un grand bailli &
d'un évêque. Je ne vous parle pas d'un gymnafe
ou collége qui n'a rien de bien diſtingué. Cette
ville a été bâtie dans le fiècle paſſé (en 1624)
par le roi Chrétien IV à qui tant de villes doivent leur exiſtence. Elle eſt régulière , compofée
de rues larges & droites , & de maifons en
général affez bien bâties. J'ai compté environ
trente vaiſſeaux dans le port deſtinés la plupart
à charger des planches pour l'Angleterre &
la Hollande. Ce commerce a beaucoup enrichi
quelques maifons dans cette ville , & dans les
autres villes commerçantes de Norvège , mais
il a l'inconvénient de dégarnir trop le pays de

bois, & les profits s'en divifent en trop peu de mains ; au moyen des rivières fur lefquelles on flotte les bois, & des fcies où fe font les planches, le travail des hommes fe réduit à bien peu de chofe.

Le vieux château d'*Aggershus* bâti fur le fommet d'une hauteur voifine, commande & défend cette ville. Le roi y tient cinq cent hommes de garnifon. Il a long-temps donné fon nom à toute la province, & les livres & les cartes de géographie qui ne font que des copies les unes des autres ne parlent que du gouvernement & du diocèfe d'*Aggershus*. Ce nom n'eft pourtant prefque plus en ufage depuis que tout a été tranfporté à Chriftiania. Ce fiècle n'eft plus nulle part le fiècle des châteaux forts & élevés dans lefquels les fouverains ou leurs repréfentans tenoient leur cour, leur juftice, leurs gens de guerre, leurs arfenaux ; où ils déployoient leur puiffance, & cherchoient leur fûreté. Le goût de la commodité s'eft étendu & a prévalu partout, & ne pouvant applanir les montagnes il les a fait abandonner.

Chriftiania eft fituée à l'extrémité du *Fiord* qui en porte le nom. Ce golfe pénètre par différens bras bien avant dans les terres, & procure de grands avantages à cette ville dont il favorife

le commerce & la pêche. Il forme diverses isles
dont une est très-voisine & très-agréable. Le
roi y a une maison de plaisance & des jardins.

J'ai séjourné quelque temps à Christiania. J'y
ai été engagé par la grande hospitalité des habitans, & par la facilité que j'ai trouvée de m'ins-
truire dans la conversation de diverses personnes
distinguées par leur rang, leurs emplois & leurs
lumières. Les politesses dont ils m'ont honoré
loin de me laisser rien à désirer me faisoient
plutôt regretter quelquefois de ne pouvoir en
jouir & y répondre comme je l'aurois souhaité.
S'il est vrai, comme on le dit, qu'on aime plus
les plaisirs de la table dans le nord que dans
le midi, cette observation n'est pas démentie
par les Norvégiens. Ils font très-bonne chère,
& se procurent aisément par les vaisseaux qu'ils
ont dans toutes les mers de l'Europe les vins
les plus recherchés. Le climat permet ici ce qui
passeroit peut-être ailleurs pour un excès. Il n'y
a ni raison ni justice à juger de la sobriété des
divers peuples par ce qu'ils consomment en bois-
sons & en alimens. Il faut mesurer ce que la
nature demande d'eux ou leur permet du moins
de faire sans inconvénient. De cette façon vous
trouverez, *Monsieur*, qu'on est peut-être aussi
sobre en Norvège qu'à Naples ou à Madrid,

N iv

où l'on vit la moitié du jour d'une taſſe de chocolat. Ce qui a achevé de me convaincre de l'influence du climat à cet égard, c'eſt de voir des femmes bien nées, très-décentes & très-réſervées, ne boire preſque pendant de longs repas que du vin pur & très-fort, ſans qu'on pût s'appercevoir que ni leur maintien ni leurs diſcours euſſent rien perdu de ce qu'ils avoient au commencement de froid & de meſuré.

Je ne ſaurois comprendre comment des voyageurs attentifs qui ont fait quelques centaines de lieues du ſud au nord peuvent révoquer en doute l'influence du climat ſur les mœurs & le caractère des hommes. Les raiſonnemens du célèbre David *Hume* ſur ce point ne me paroiſ-ſent point du tout dignes d'un auſſi bon obſer-vateur, & d'un logicien auſſi exact qu'il étoit. De ce que des cauſes morales d'une grande force font taire pendant quelque temps l'inſpiration lente, mais continuelle du climat, de ce que les hommes ſont partout eſſentiellement les mêmes, il conclut que tout ce qu'on attribue au climat eſt le produit de l'imitation, du gou-vernement, du haſard. La meilleure réponſe à ce raiſonnement ſeroit peut-être de mettre à côté les unes des autres quelques familles de payſans de Sicile ou d'Andalouſie, & quelques

familles de montagnards de Norvège & de Dalé-
carlie, de les obferver, de les comparer dans
leurs travaux, dans leurs repas, dans leurs
amours, dans leurs divertiffemens, dans leurs
chants, dans leurs danfes, dans leurs langages,
leur accent, leurs geftes, le jeu de leur phyfio-
nomie, & tout ce qui peut enfin fervir à exprimer le caractère, la nature & les nuances des
fentimens & des paffions.

Hume dit que les fauvages de Guinée & les
payfans du Nord ont le même goût pour les
liqueurs fortes, & qu'ainfi le climat ne fait
rien à cela. Dans le Nord, le froid & l'humidité de l'air font trouver un grand attrait aux
liqueurs qui donnent de la chaleur, du ton aux
fibres de l'eftomac. En Guinée, la chaleur eft
fi exceffive que les mèmes liqueurs en foutenant
les forces, & en diminuant l'exceffive tranfpiration rendent un autre fervice tout auffi
agréable. Ainfi des caufes différentes en elles-
mèmes, mais également dépendantes du climat,
produifent le mème effet. Dans les climats tem-
pérés, elles n'ont pas la mème force. Auffi les
hommes y font-ils généralement plus modérés
à cet égard.

Il femble à l'entendre que dans l'hypothèfe
de l'influence du climat fur les mœurs on

devroit fuivre les degrés de cette influence, & en dreffer des tables comme des heures du coucher & du lever du foleil. Mais on n'a jamais voulu dire une chofe fi abfurde. Les caufes phyfiques qui influent fur le caractère des nations ne font pas feulement le degré de chaleur plus ou moins grand qu'on éprouve dans chaque pays, mais encore les qualités de l'air, fa féchereffe, fon humidité, fa pureté, la durée de la belle faifon, l'élévation du fol, fes qualités, celles des alimens, &c. Enfin pour affigner le degré & la nature de cette influence, il ne faut pas comparer des diftances de quelques lieues, ni de petites nations, ni celles qui font compofées en grande partie d'étrangers, ou qui ont un commerce continuel avec eux.

Cette digreffion vous paroîtra peut-être trop longue, *Monfieur*, mais vous devez pardonner à un homme à qui un long féjour dans le Nord a préfenté tant d'occafions d'obferver les effets du climat, de vous en entretenir un moment. Mon voyage en Norvège où ces effets font peut-être plus fenfibles qu'ailleurs m'a furtout remis fouvent fous les yeux des objets de comparaifon. Je ne pouvois qu'en être frappé & occupé dans mes promenades, dans la fociété, dans la converfation avec des perfonnes de

tous les ordres. Vous devriez peut-être même
me favoir gré de tous les détails que je vous
épargne, mais auffi y en a-t-il un grand nombre
qu'il faut faifir fur les lieux, & qui font plus
faits pour être fentis que décrits.

On me confeilla de ne pas m'éloigner de
Chriftiania fans aller voir les mines d'argent de
Kongsberg qui n'en font qu'à deux petites jour-
nées, & le défir de connoître l'intérieur du
pays, autant que celui de voir un fpectacle
nouveau pour moi, me firent fuivre ce confeil.

Le chemin qui mène à Kongsberg eft fort
agréable dans cette faifon. On fuit le fond d'une
vallée qui offre alternativement de belles prairies & de hautes forêts de fapin. Ces forêts,
ces prairies du plus beau verd, les maifons
éparfes fur le penchant des montagnes, les
torrens, les ruiffeaux qui en tombent, tout
rappelle les vallées des Alpes de Suiffe à ceux
qui y ont voyagé ; &, en effet, le climat de la
Suiffe, prife à un certain degré d'élévation au-
deffus du niveau de la mer, eft à-peu-près le
même que celui de la Norvège. Un peu plus
haut c'eft celui de la Laponie. C'eft une remarque que nous devons aux botaniftes, & furtout à
Mrs. Linnæus & Haller. On pouvoit la deviner,
mais elle n'eut été qu'une conjecture fi ces

favans ne l'euffent établie par une preuve fans replique, par l'identité des plantes qui croiffent dans des pays très-éloignés les uns des autres, mais expofées à la même température, comme les Alpes de Suiffe, les Pyrénées, le mont Olympe, le mont Ararat, &c.

Je vous rappelle, *Monfieur*, cette obfervation pour confirmer ce que je viens de dire, qu'en difcutant la queftion de l'influence du climat, il faut commencer par bien expliquer ce qu'on entend par ce mot, & fe garder de croire que le même climat foit toujours le même degré de latitude.

Il croît encore des chênes dans certains dif- tricts du midi de la Norvège. On y trouve auffi, mais en petite quantité, des forêts de hêtres qui font fi communes en Dannemarc, & dont elles font un des plus beaux orne- mens (1). Mais, en montant dans une région

---

(1) *Linnæus* obferve que le hêtre ne croît pas en Suède plus au nord que les provinces de Veftro & d'Oftro-Gothie. En Norvège il ne croît que dans quel- ques diftricts méridionaux, comme les comtés de Laurvig & de *Jarlsberg*. Cette obfervation prouve ce que j'ai dit du climat de ces deux royaumes. On peut encore en inférer que la température de l'air dans le midi de la Norvège, & de la Suède, & celle du Dannemarc

plus élevée, ces deux fortes d'arbres difparoif-
fent fucceffivement. Dans le canton où je fuis

à préfent, il n'y a déjà plus que des fapins &
des bouleaux. On m'a dit, ou j'ai lu, qu'en
allant plus au Nord, les forêts de fapins difpa-
roiffent auffi. Enfin, en continuant on ne
trouve plus que des bouleaux nains, & quelques
buiffons comme en Islande.

La première ville que je rencontrai dans
cette vallée eft *Bragnès*, auffi nommée *Dramme*
& *Stromfœ*. Ce font, à proprement parler, deux
villes féparées par la Dramme, belle & grande
rivière fur laquelle on tranfporte une quantité
de bois, dont le commerce fait la reffource des
habitans. Ce fleuve fe jette près de-là dans un
bras du *Fiord* de Chriftiania, & communique
ainfi facilement avec la mer. Les maifons ne
font que de bois, mais propres & bien bâties,
la fituation eft belle, & l'une & l'autre ville
ont un air remarquable d'aifance & de profpérité. De Dramme je continuai à fuivre les
bords du fleuve en le remontant le long d'une
vallée très-peuplée, & dont la vue eft des plus

---

répondent à-peu-près à celle des montagnes moyennes
de la Savoie & du milieu de la France où le hêtre
croît naturellement.

riantes jufques à *Hogfund*, où il y a une verrerie confidérable nouvellement établie.

De *Hogfund* on entre dans un pays montueux, où par des chemins très-mauvais, on arrive enfin à Kongsberg. C'eft-là que des mines d'argent découvertes par le hafard (1) ont engagé à bâtir une ville confidérable dans le pays du monde le plus fauvage, borné de tous côtés par des montagnes abfolument ftériles, dont les fommets étoient encore pour la plupart couverts de neige lorfque j'y arrivai. Chrétien IV, fous le règne duquel fe fit cette importante découverte, fit venir des mineurs d'Allemagne qui ont été les premiers habitans de ce lieu.

---

(1) Ce furent deux bergers qui firent cette découverte en 1623. Ils faifoient paître leurs troupeaux autour des rochers qui féparent les provinces de Tellemarc & de Nummedal, & s'amufoient à en caffer des morceaux qu'ils fe jetoient l'un à l'autre. Ils s'apperçurent par leur poids & par le bruit qu'ils faifoient en tombant qu'ils contenoient du métal, & s'imaginant que c'étoit du plomb ils effayèrent de le fondre, mais n'ayant pu y réuffir ils les portèrent à un orfévre de Tonsberg. Celui-ci en ayant informé le gouvernement, on ordonna fur le champ d'examiner les lieux, & la recherche fut fi heureufe, qu'on trouva d'abord, outre plufieurs veines très-riches, un morceau d'argent pur du poids d'une livre.

Ils fe font enfuite alliés avec ceux du pays , & la mine s'eft trouvée fi riche que le nombre des mineurs augmentant avec fes produits , on a vu s'élever dans l'efpace d'un fiècle une ville peuplée de dix à onze mille ames dans un pays où il y avoit à peine autrefois une cabane de berger , & où il faut porter de loin les chofes les plus communes & les plus néceffaires à la vie. Les deux nations font encore diftinguées à divers égards ; elles ont chacune leurs églifes où l'on prêche dans leurs langues refpectives. Il y a auffi à Kongsberg une monnoie , un collége pour l'inftruction des mineurs , & une commiffion ou département qui a l'infpection fur tout ce qui a rapport aux mines.

Vous n'attendez pas de moi , *Monfieur* , une defcription de toutes les curiofités naturelles que les mines de Kongsberg préfentent à des yeux exercés. Je n'entends rien à la minéralogie , & je crois, malgré un grand nombre d'exemples connus & inconnus, qu'il vaut mieux vous renvoyer aux ouvrages favans qu'on a fur ce fujet que d'effayer de me parer de leurs dépouilles. Je ne céderai pas plus à la tentation de placer ici un morceau philofophique & *fentimental* , quoique rien ne pût me fournir un plus beau texte que le fpectacle de plufieurs

milliers d'hommes *enfevelis dans des voûtes profondes, victimes de la cupidité & du luxe, condamnés à arracher des entrailles de la terre ce
métal, fource de tous nos maux, auquel l'opinion,
ou plutôt la folie des hommes attache tant de prix.*
Combien de tableaux poétiques, de déclamations
pathétiques, de réflexions philofophiques, de
projets politiques ne naîtroient pas à cette
occafion fous la plume brillante d'un de ces
grands écrivains dont notre fiècle abonde, qui
font fi éloquens à propos de tout, & fous les
mains defquels le plomb même fe change en
or. Je craindrois au contraire de changer en
plomb tout cet argent qui brille à Kongsberg;
je me bornerai à vous dire fimplement ce qui
m'a le plus frappé & occupé dans ce voyage.
J'y avois porté un fentiment très-pénible, &
qui m'en avoit d'abord détourné. Je m'étois
perfuadé que je ne trouverois ici qu'un peuple
de malheureux, & je me difois fouvent qué
c'étoit une folie d'en aller chercher fi loin, quand
on ne pouvôit rien pour leur foulagement. Je
ne pouvois croire que des hommes qui travaillent dans des antres, privés de la lumière du
jour, à un ouvrage toujours uniforme & toujours fatigant, travaillaffent fans contrainte,
& fans un fentiment très-vif de peine ou de
dégoût.

dégoût. Quelques jours paffés à Kongsberg m'ont absolument défabufé, & je m'applaudirois de ce voyage quand ce ne feroit que par cette raifon. Tout ce peuple de mineurs a l'air de la fanté, de l'aifance, de la fatisfaction. Ils font bien nourris, bien vêtus, leur travail eft modéré. Ceux qui n'ont pas une mauvaife conduite vivent à leur aife au fein de leur famille; car ils fe marient prefque tous, & leurs enfans étant occupés de très-bonne heure, ils ne leur font pas à charge. Pourroit-on en dire autant de la plupart des hommes qui font obligés de vivre de leur travail ? Et fans chercher des termes extrèmes de comparaifon, le fort de ces mineurs ne vaut-il pas mieux, par exemple, que celui des payfans qui fous les gouvernemens les plus modérés fubfiftent par la culture des vignes, confument leurs forces à ce travail pénible, expofés tout le jour à l'ardeur du foleil dont la préfence les importune fouvent plus que fon abfence n'attrifte les mineurs, & toujours dans la crainte de perdre en un quart-d'heure les fruits de leurs fueurs, & de leurs avances d'une ou de plufieurs années ?

Je vous avouerai, *Monfieur*, que je me fuis beaucoup plus occupé de la manière de vivre

& de la condition de ce peuple fouterrain, que de l'hiftoire naturelle de la mine, de fes filons, de l'état où on trouve le métal, des procédés qui fervent à le purifier, à le fondre, à le réduire en monnoie. J'ai pourtant fait à cet égard le cours ordinaire de vifites & d'obfervations prefcrit aux voyageurs curieux, & dont ils ne peuvent fe difpenfer, fans manquer de refpect à une fi belle merveille de la nature, & furtout à ceux qui ont la complaifance de la leur montrer (1).

-----

(1) Je rapporterai feulement ici un petit nombre de fingularités de ces mines qu'on m'a fait obferver, ou qui m'ont été communiquées fur les lieux, & dont je ne me rends pas abfolument garant.

On y trouve ce que les minéralogiftes appellent la *mine d'argent molle*. C'eft une efpèce de mine qui a peu de liaifon, qui eft comme fluide, & dont la couleur varie en raifon de la pierre ou de la mine avec laquelle elle fe trouve mêlée. Celle de Kongsberg eft de couleur jaune & verte.

Les plus riches filons n'y font pas dirigés, comme en Allemagne & en Bohême, du nord au fud, mais de l'eft à l'oueft, à la réferve de la feule mine nommée *don de Dieu*. Selon d'autres obfervateurs les filons n'affectent ici aucune direction particulière.

Ce qu'il y a de plus remarquable, c'eft qu'au lieu que dans les autres mines on trouve partout plus ou

J'ai donc vu d'abord les fourneaux où l'on
fond & l'on épure l'argent, enſuite la monnoie,
& le lendemain je ſuis parti de bon matin à
cheval, & après avoir atteint, non ſans peine,

moins d'argent diviſé & épars dans la mine, ici il y a
des intervalles qui en ſont abſolument dénués, & en
revanche des maſſes ſouvent très-conſidérables d'argent
preſque pur qui dédommagent en un moment du travail infructueux de quelques mois ou même de quelques années. L'eſpérance de découvrir de pareilles
maſſes fait que l'on continue de creuſer dans le roc
ſtérile une fois ouvert ſans ſe rebuter, & en effet la
mine paye toujours ces frais tôt ou tard, & produit
tout compte fait un revenu net conſidérable que les
auteurs danois eſtiment de 2 à 300,000 écus annuellement.

Il y a de ces maſſes d'argent qui ſont d'une groſſeur
prodigieuſe. On en conſerve une dans le cabinet du roi
de Dannemarc qui pèſe cinq cent ſoixante livres; elle
a cinq pieds ſix pouces de longueur, & quatre pieds de
circonférence. On en a trouvé dès-lors une de deux
cent ſoixante & dix-neuf livres, une de deux cent quarante-cinq, & une de trois cent quatre, ſans parler de
celles qui ſont moins conſidérables.

Il paroît que cette mine a une très-grande étendue.
Les découvertes qu'on a faites & que l'on continue de
faire dans des lieux aſſez éloignés les uns des autres
confirment ces eſpérances.

O ij

le fommet d'une montagne, j'y ai trouvé l'intendant des mines, M. de *Stuckenbroch* qui a eu la bonté de m'accompagner partout. Ce vieillard refpectable parloit fort bien latin, & ne me refufoit aucun des éclairciffemens que je pouvois lui demander en cette langue. Il étoit encore très-vigoureux & très-actif, & fes grandes connoiffances dans la minéralogie & la méchanique ont beaucoup contribué à la profpérité de ces vaftes établiffemens. Après nous être tous vêtus en mineurs, ou en ramoneurs, il m'a conduit à l'entrée de la plus riche mine qui s'exploitoit dans ce moment, & là après une nouvelle & courte exhortation en latin très-pur qu'il m'a adreffée pour m'engager à confidérer mûrement que je ferois obligé de defcendre à-peu-près perpendiculairement & par des échelles à une profondeur de fept cent pieds au moins, voyant que je perfiftois dans ma réfolution, il m'a donné quelques confeils, & ayant fait allumer des lampes, nous avons commencé à defcendre lentement & filencieufement.

Cet exercice eft fatigant pour ceux qui n'y font point faits ; mais éclairés & efcortés, comme nous l'étions, avec la facilité de faire une pofe au bas de chaque échelle, il n'y a guères de danger. Les échelles font très-folides,

& appuyées d'espace en espace sur le bord d'un nouveau puits. Tous ces puits sont creusés dans le rocher, & sans les eaux qui y filtrent, & qui mouillent les échelons qu'il faut pourtant saisir avec la main, il n'y auroit pas beaucoup plus d'incommodité que de danger dans cette manière de cheminer.

Quand nous fûmes arrivés au point où nous devions nous arrêter, je me trouvai dans un labyrinthe immense, où s'ouvroient de tous côtés des allées ou de longues voûtes remplies d'ouvriers qui tailloient le roc dans lequel l'argent plus ou moins pur se trouve semé par veines. Dans un petit nombre d'endroits, ce roc est si dur qu'on ne peut l'entamer qu'après l'avoir échauffé par un feu violent. Mais les ouvriers chargés de cette tâche incommode sont bientôt relevés par d'autres, & l'habitude leur fait supporter un degré de chaleur dont je fus extrêmement étonné. Les autres sont relevés tous les jours, & couchent dans leurs maisons. Ils s'éclairent au moyen d'éclats de bois de sapin allumés, & quand on voit de loin cette multitude d'hommes travaillant dans de longs & vastes souterrains à la lueur de ces flambeaux brillans, il faut convenir qu'on jouit d'un spectacle dont rien de ce qui fe paffe à la furface de la terre ne fauroit donner une jufte idée.

Il y a plus de vingt mines pareilles autour de Kongsberg ; quelques-unes fe communiquent fous terre, & il y en a dont la profondeur eft bien plus grande que celle où je defcendis. En fortant, je pris congé de M. l'Intendant, & je ne pus m'empêcher en le remerciant de m'applaudir d'avoir auffi bien foutenu la fatigue de cette journée ; mais il me confeilla de ne me féliciter que le jour fuivant, & il eut raifon ; car prefque tous les voyageurs à qui cet exercice eft auffi nouveau qu'il l'étoit pour moi, n'en reffentent les effets que quelques jours après. C'eft ce qui m'arriva le lendemain ; nous étions, mon domeftique & moi, hors d'état de nous lever & de faire aucun mouvement. Nous fûmes donc obligés de refter au lit, où j'eus tout le loifir néceffaire pour repaffer les diverfes fcènes dont je venois d'être le témoin.

Dès que je pus remonter en voiture, je repartis pour *Chriftiania*, où j'arrivai parfaitement guéri, & où je fis encore quelque féjour pour tâcher d'acquérir de nouvelles connoiffances fur la Norvège, dans la converfation des mèmes perfonnes que j'avois vues précédemment. Il y en avoit dans ce nombre que leurs lumières, leurs emplois, de fréquens voyages dans toutes les provinces du royaume, avoient mis dans le cas de l'étudier & de le connoître à fonds. Je fentois cependant que mon objet eut été mieux rempli, fi j'euffe pu aller voir encore quelques autres villes confidérables de Norvège, comme *Bergen* & *Drontheim*, la première la plus peuplée & la plus commerçante du royaume ; la feconde, moins peuplée & moins riche, mais importante encore, & digne d'ailleurs de l'attention des étrangers par fon ancienneté & par fa fituation à l'extrémité feptentrionale du royaume (1) qui lui a valu de conferver plus fidellement les traces du caractère & des mœurs nationales.

Malheureufement je ne pus point me fatis-faire à ces deux égards. Il fallut me borner à quelques nouvelles excurfions dans le pays autour de Chriftiania, & recourir aux lumières d'autrui pour ce que je ne pouvois voir par moi-même. Il eft queftion à préfent, *Monfieur*,

---

(1) Cette ville & celle d'*Archangel* font les deux villes du monde les plus voifines du Pôle, l'une eft à 63 degrés $\frac{1}{2}$ environ de latitude, l'autre à 64 degrés $\frac{1}{2}$; mais Drontheim eft une ville beaucoup plus confidé-rable, & le climat y eft moins rigoureux, comme on l'a obfervé fur toute la côte de l'oueft de la Norvège.

de vous faire part de ce que ces informations & ces recherches me paroiffent réunir de plus sûr & de plus intéreffant.

Les géographes nous affurent que la Norvège eft un peu plus grande que la moitié de la France, & que fa longueur, prife depuis le cap *Lindenæs*, le point le plus méridional au Cap-Nord, eft de près de trois cent cinquante lieues de France. Sa largeur eft inégale. Dans le midi, elle eft d'environ foixante-dix à quatre-vingt lieues : au nord elle n'eft que de douze à quinze en quelques endroits. Ils ajoutent qu'elle peut avoir cinq mille deux cent cinquante milles quarrées géographiques, dont ils fuppofent que la France contient 10000. Tous ces calculs ne feront que des *à-peu-près*, jufques à ce que la Norvège foit mefurée, & qu'on en ait une bonne carte.

Il y a dans cette vafte étendue beaucoup de terrain inhabitable, & beaucoup plus d'inhabité.

La Laponie norvégienne n'eft guères peuplée, & le climat en eft trop rigoureux pour qu'elle puiffe jamais l'être beaucoup. Plus au midi, & furtout le long des côtes, l'air eft affez doux pour que la terre put y payer les travaux des hommes, fi elle n'étoit en grande partie hériffée de rochers & de hautes montagnes. Outre les grandes chaînes qui s'étendent du fud au nord, il y a des montagnes ifolées ; fouvent dàns les plaines mêmes on ne voit que des rochers nuds & ftériles. Il n'y en a que peu d'une certaine étendue où l'on recueille du grain. Les vallées éparfes çà & là , & fouvent fans communication entr'elles, font les parties les plus fertiles & les mieux peuplées.

On conçoit que les productions d'un pays fi étendu, en partie montueux, en partie maritime, doivent être d'une nature très-différente. Prifes enfemble , ces productions forment un objet très-confidérable, s'il eft vrai que la Norvège en exporte pour trois millions d'écus annuel-lement (1). C'eft de l'argent, du cuivre , du fer travaillé & en barres, des canons, des four-neaux , des pots de fer , du plomb, des mâts , des poutres, des planches & d'autres bois de conftruction, du marbre , du talc , des meules , de l'aiman , une grande quantité de poiffons fecs & falés , furtout de morues , de harengs , de faumons , &c. des cuirs , des peaux , des pelleteries , de l'eyderdon & d'autres plumes , du beurre, du fuif, de l'huile de baleine, du

---

(1) Il s'agit ici d'écus ou de rixdalers de Dannemarc qui valent aujourd'hui un peu plus de 4 livr. de France.

goudron, du fel, de l'alun, du verre, du foufre, du vitriol, de la potaffe, &c.

Les Norvégiens tranfportent une partie de ces marchandifes fur leurs propres vaiffeaux. Les étrangers, & furtout les Anglois & les Hollandois, viennent en charger une autre partie dans leurs ports. Les Norvégiens font d'excellens marins. Ils conftruifent & frètent leurs navires à meilleur marché que les autres nations; & c'eft encore là, & furtout en temps de guerre, une fource de richeffes pour eux. Depuis quelque temps on s'eft donné beaucoup de foins pour établir des manufactures dans le pays. Elles avoient manqué jufqu'ici, & les Norvégiens achetoient prefque tout de l'étranger.

La Norvège offre aux naturaliftes un vafte champ d'obfervations, & ce champ commence feulement à être défriché. Il y a fans doute dans les mers profondes qui bordent fes côtes bien des découvertes encore à faire, & fes hautes montagnes fi peu connues mériteroient que quelque obfervateur favant voulût les examiner avec ce foin, cette patience & cet efprit philo-fophique dont notre compatriote M. De Sauffure a fourni un fi beau modèle dans fa Defcription de nos Alpes. Quoique l'ouvrage de l'évèque Pontoppidan ait du mérite, ce n'eft, comme fon titre même l'annonce, qu'*un premier Essai sur l'histoire naturelle de ce royaume.* L'auteur n'avoit cultivé que tard cette immense science, & il avoit plutôt écouté & lû qu'observé lui-même.

Les extraits étendus qu'on a donnés de son ouvrage l'ont fait connoître des étrangers qui lui ont su gré de son travail, mais ils n'ont pu ajouter foi sur sa parole à l'existence des *hommes marins*, à celle du *serpent marin* de cent ou plus de brasses de longueur, à celle du *Krake*, le plus grand animal qui existe, & qu'on prend en mer pour une petite isle.

Cependant quelque incrédulité qu'un voyageur apporte en Norvège, il ne sait plus que penser de ces merveilles quand il en entend parler sur les lieux. Une foule de témoignages qu'on lui allègue, tout un peuple persuadé de leur existence, comme il l'est de celle des baleines ou des harengs, le jettent au moins dans l'incertitude. On lui demande pourquoi il n'y auroit pas dans les mers de Norvège, les plus profondes de l'Europe, des monstres inconnus ailleurs, comme on y voit des baleines qui sont inconnues dans celles du midi, & qui ont dû faire passer pour un menteur, avec autant de justice, le premier voyageur qui en a parlé dans les pays où l'on n'en voit point?

Ce feroit donc à tort qu'on blâmeroit Pon-toppidan d'avoir parlé de ces monftres d'un ton auffi férieux. Il avoit vécu long-temps à Bergen dans fon évêché où prefque perfonne ne doute de leur réalité ; & là , comme fur tout le refte de la côte , vous trouveriez même beaucoup de perfonnes qui vous affureroient en avoir vus. Je me fouviens encore de la furprife des mate-lots qui me conduifoient dans un petit trajet de mer que je faifois dans un golfe de Norvège, lorfque je leur parus douter qu'il y eut dans leurs mers un ferpent marin , long de quelques centaines de pieds , & qui fe faifoit voir quel-quefois dans la faifon où nous étions. Cette perfuafion générale eft de toute ancienneté dans le pays : il eft même bien vraifemblable que l'*Edda* y fait allufion ; & je ne fais comment cette remarque a échappé au favant évêque. Vous favez , *Monfieur* , que dans le fyftème religieux des anciens peuples du nord , on ad-mettoit un ennemi des dieux & des hommes , un mauvais principe qui fe manifeftoit fous diverfes formes , & qui attaquoit fans ceffe four-dement & ouvertement toute la création. *Thor* , le fils du Dieu fuprême , & le fecond des Dieux, la défendoit avec courage & perfévé-rance ; fes fonctions étoient de chercher partout

cet ennemi & de le combattre. Dans une des
fables de l'Edda, le mauvais principe eſt repréſenté ſous la figure du grand ſerpent marin.
Thor ſous celle d'un jeune homme, va le pêcher
accompagné d'un géant à qui il cache ſon
deſſein. Comme il ramoit avec force, le géant
lui repréſenta que s'ils alloient plus loin, ils
ſeroient en danger de rencontrer le grand ſerpent. C'eſt encore aujourd'hui l'opinion reçue
qu'on ne le trouve qu'à une certaine diſtance
des côtes. Vous pouvez voir dans l'*Edda* le reſte
de la fable. L'auteur n'oſe aſſurer que Thor ait
réuſſi dans ſon expédition. Le Dieu le pêcha,
& ſuivant quelques récits, *il lui briſa la tête
d'un coup de maſſue, mais,* ajoute-t-il, *il eſt plus
ſûr cependant de croire que ce monſtre vit encore
dans les eaux* (1).

La partie de l'hiſtoire naturelle de Norvège
qui regarde les végétaux & les inſectes a été
traitée avec beaucoup de ſavoir depuis la mort

---

(1) Cette fable & d'autres encore ſemblent prouver
que les anciennes poéſies religieuſes dont l'auteur de
l'*Edda* s'eſt ſervi pour compiler ſon ouvrage ont été
compoſées en Norvège, car nous ne voyons pas que
les autres peuples du nord ayent jamais cru qu'il exiſtoit un grand ſerpent dans leurs mers.

de l'évêque Pontoppidan. La Flora de M. *Œder*, en particulier ne laissera bientôt rien à défirer à cet égard aux curieux. Je me bornerai, *Monfieur*, à vous indiquer cet ouvrage dont le fujet m'eft trop étranger, ainfi que les autres branches de l'hiftoire naturelle, & je m'étendrai par préférence fur ce qui concerne la nation.

Je ne veux point remonter cependant aux temps de fa plus grande gloire, à ces fiècles où elle s'illuftra par la découverte de l'Islande, de la Grœnlande, & vraifemblablement d'une partie de l'Amérique, par la conquête des isles Orcades, de Féroë, des Hébrides, de plufieurs provinces d'Ecoffe, d'Irlande, de l'isle de Man & de la Normandie, à laquelle elle donna fon nom. Tout le monde fait que fous le nom de Normands, les Norvégiens ont été long-temps la terreur des pays maritimes de l'Europe, & cette gloire peut paroître douteufe dans un fiècle philofophe, s'il y en a jamais un. Mais dans celui où tous les rois & tous les peuples vivoient plus ou moins fous la loi du plus fort, & dans une efpèce de brigandage autorifé, les plus braves ou les plus heureux des brigands ne méritoient-ils pas d'être les plus eftimés ?

Harald aux beaux cheveux détruifit en grande partie ces princes ou chefs de pirates

qui ravageoient les pays voifins, & fouvent le
leur propre. Il forma au neuvième fiècle une
monarchie prefque abfolue de tous ces petits
états réunis. Il tranfmit à fes fucceffeurs une
affez grande puiffance au-dedans & au-dehors
de fon royaume. Quelques-uns en foutinrent,
en augmentèrent même l'éclat, mais dans le
douzième, & furtout dans le treizième fiècle,
cet éclat commença à diminuer fenfiblement. La
cour de Rome & le clergé acquirent un afcendant fans bornes fur le prince, les grands & le
peuple. Il femble auffi que dès-lors l'énergie de
la nation ne fut plus la même. Elle ceffa d'être
redoutée, & fes conquètes lui furent la plupart enlevées l'une après l'autre. De toutes les
isles voifines de la Grande-Bretagne, elle ne
conferva que les Orcades. Elle fut même fou-
mife par intervalles à des rois étrangers. Les
croifades, les pélérinages, les fondations d'évêchés, de chapitres, de cloîtres, de meffes, les
ufurpations du clergé, fes cabales éternelles,
les révoltes, les brigandages de la nobleffe, les
guerres civiles qui fe multiplièrent & fe fuivi-
rent fans interruption, rempliffent dès-lors l'hiftoire de Norvège. Enfin la nation déjà affoiblie
& languiffante fut attaquée vers le milieu du
quatorzième fiècle par un nouveau fléau qui

mit le comble à ſes malheurs, je veux parler de cette terrible épidémie qui ravagea preſque toute l'Europe, mais qui ne fut nulle part plus meurtrière que dans le nord, où elle prit le nom de *mort générale*, & de *mort noire*. On prétend qu'elle fit périr en Norvège les deux tiers des habitans. Il en fut de même dans l'Iſlande & la Grœnlande qui étoient alors des provinces de Norvège. La plus grande partie des familles nobles fut éteinte. On raconte que les bourgeois de Bergen effrayés de ſes ravages quittèrent leur ville où la peſte avoit commencé, & ſe réfugièrent dans une vallée nommée *Juſte-dal*, vantée par la ſalubrité de ſon air, mais la contagion les y ſuivit, & les fit tous périr avec les anciens habitans, à la réſerve d'une ſeule fille, à qui cette vallée demeura en propriété. Dès-lors un grand nombre de terres reſtèrent incul-tes, des villages, des bourgs furent déſerts, le découragement s'empara des eſprits; l'agricul-ture fut négligée, le commerce abandonné à des étrangers qui l'exercèrent avec tyrannie. Les Norvégiens n'ont pu réparer encore toutes les pertes qu'ils eſſuyèrent par cette terrible cataſtrophe dont le ſouvenir ne s'effacera jamais de leur eſprit.

La nobleſſe déjà diminuée par cette contagion
le

le fut encore au commencement du seizième
siècle par la tyrannie, autre fléau souvent aussi
terrible. Chrétien II gouverné par des maximes
& des conseils sanguinaires détruisit une grande
partie des familles nobles qui avoient échappé
à la peste, sous prétexte d'une rebellion & d'une
conspiration formée contre le roi son père. Les
temps qui suivirent ne furent pas moins contraires à la noblesse, quoiqu'elle n'eût plus à
souffrir ces grandes calamités. Nulle occasion,
nul moyen pour elle de se relever. Le sénat
de Dannemarc anéantit celui de Norvège,
traita ce royaume comme une province con-
quise, en confia toutes les places importantes
à des Danois, & en lui donnant en apparence
des rois de son choix, le gouverna avec un
empire absolu. Sous un semblable régime, la
noblesse norvégienne ne put éviter de tomber
dans l'indigence : elle vendit d'abord pour
subsister une partie de ses terres, & n'eut bientôt plus d'autres ressources que d'en cultiver
le reste de ses propres mains. Telle est aujour-
d'hui la condition de presque tout ce qui reste
des familles autrefois les plus illustres & les
plus puissantes. Leurs descendans conservent
encore à côté des instrumens du labourage qui
les font vivre les armoiries & les généalogies

qui les confolent. Ils ne s'allient qu'entr'eux , mais d'ailleurs ils ne cherchent à fe diftinguer en rien des autres payfans, & ils fervent avec fidélité comme fimples foldats leur roi & leur patrie. Les familles norvégiennes annoblies , ou les familles nobles d'origine étrangère établies dans le royaume, n'y pofsèdent point de terres privilégiées. Il n'y en a que trois de cette efpèce, deux comtés & une baronnie.

Durant le cours de ces calamités & de cet afferviffement, les Norvégiens ont toujours confervé ce courage, cet amour de la gloire, ce goût pour l'éclat, la dépenfe, & le plaifir qui forment leur caractère. Il eft vraifemblable cependant que ce fentiment de fierté qui ne meffied pas à un peuple à qui fes ancètres ont tranfmis un nom illuftre dans la carrière des armes eut été enfin affoibli, ou même éteint fous le joug de l'ariftocratie danoife , fi elle eût toujours fubfifté ; mais depuis que les deux nations jouiffent d'un fort égal fous un monarque qui ne peut voir en elles que des enfans également dignes de fon amour, ce fentiment a dû reprendre une nouvelle vie en attachant les Norvégiens par les liens les plus forts à la conftitution préfente. S'ils n'ont plus un corps de nobleffe nationale proprement dit, ce défavan-

tage eſt bien compenſé par le privilége infi-
niment précieux , & qui les diſtingue des Norvege. Danois, de ne connoître aucune ſorte de ſer-
vitude. En effet, les payſans norvégiens ſont tous libres ; ils poſsèdent leurs domaines en toute propriété, ils jouiſſent du droit de chaſſe, ils ne relèvent d'aucune autre juriſdiction que de celle du roi. Il y a plus ; ils poſsèdent leurs terres à quelques égards comme des fidei-com-
mis qui ſe tranſmettent de père en fils à l'aîné de la famille ſans partage, & ſans autre condition que celle de payer aux frères & ſœurs leur portion héréditaire. S'ils veulent vendre leurs terres, car ils en ont le droit, cette vente n'eſt pas irrévocable. Le fonds vendu eſt ſujet pen-
dant vingt ans à un retrait lignager en faveur du plus proche parent, privilége qui, quoique ſoumis à des reſtrictions, eſt peut-être plus pro-
pre à flatter la vanité des propriétaires que conforme à leurs intérêts réels, & ſurtout à l'intérèt général.

En effet, de ſi grands priviléges paſſent peut-
ètre le but que le légiſlateur doit ſe propoſer en faiſant la portion de l'ordre des ſimples cul-
tivateurs. Il faut ſans doute qu'ils jouiſſent de la plus grande ſûreté poſſible pour leurs per-
ſonnes & leurs propriétés. Il faut encore qu'ils

croient, & qu'ils ayent raifon de croire, que leur état eft bien loin d'être vil ou malheureux ; mais tout ce qui pourroit leur faire penfer qu'ils doivent vivre comme les perfonnes d'un autre ordre, tout ce qui leur infpireroit le goût du fafte & de la dépenfe, & l'ambition d'obtenir des titres & des diftinctions propres à les faire fortir de leur état, deviendroit dès-lors pour eux, non un privilége précieux, mais un véritable piége. L'intérèt général du royaume en fouffriroit encore davantage. Le payfan méprifieroit trop la fimplicité, la frugalité, les règles d'une fage économie qui peuvent feules le faire profpérer, étendre l'agriculture ou la pêche, & multiplier les familles. Les cadets découragés par un partage trop inégal tourneroient leurs vues & leur ambition vers le fervice maritime étranger, & par cela même le pays manqueroit du nombre des bras néceffaires pour le cultiver. Pour répondre aux idées chimériques qu'ils fe feroient faites de leur état, les autres s'engageroient dans des dépenfes au-deffus de leurs forces, & fouvent la reffource ruineufe de détruire leurs bois leur deviendroit néceffaire, des procès fréquens feroient encore l'effet trop ordinaire de ces loix mal combinées, & l'obftination qui accompagne ordinairement une hau-

teur mal-entendue perpétueroit fouvent ces
procès au grand préjudice des familles, &
chargeroit ainfi l'état de cette efpèce d'hommes,
la plus onéreufe de toutes, qui vivent des fot-
tifes & des querelles d'autrui.

Ce fentiment de fes prérogatives produit en
même-temps d'heureux effets chez le peuple
de Norvège, car le bien & le mal fe tiennent
toujours par la main. Il y a dans fon caractère
une forte de générofité, dans fon efprit un
degré d'élévation qui ne font pas communs ailleurs
dans la même claffe. Il eft officieux, prévenant,
& furtout hofpitalier. Il penfe & parle avec plus
de liberté ; il a plus d'énergie & de volonté,
un Norvégien qui a du mérite & de la vertu en
fait peut-être plus d'ufage qu'un autre. De tous
les étrangers, ce font les Anglois avec lefquels
il fympathife le plus. Il les regarde comme la
première nation après la fienne. Les Danois lui
paroiffent trop phlegmatiques, & peut-être
trop favorifés; les Allemands affectent trop de
fupériorité; les François font trop légers; les
Hollandois trop concentrés dans leur intérêt &
trop économes. C'eft furtout en Angleterre que
les Norvégiens vont defcendre & féjourner
quand ils fortent de leur pays, les uns pour

chercher la fortune, les autres pour diffiper celle qu'ils pofsèdent.

L'induftrie des payfans norvégiens eft vantée avec raifon, quoique cette qualité foit commune à prefque tous les montagnards. Ils ont beaucoup d'adreffe & font eux-mêmes la plupart des habillemens, dés meubles, des fouliers, des bottes, des filets, des outils, des inftrumens pour l'agriculture & la pêche dont ils ont befoin. Plufieurs vont plus loin encore; fans maîtres, fans étude, fans connoiffance des règles, ils conftruifent des vaiffeaux excellens, des inftrumens de mufique, des ouvrages de fculpture en bois & en pierre, dont plufieurs méritent de l'admiration, & font confervés dans les cabinets des curieux. Je ne vous répéterai pas, *Monfieur*, qu'aucune nation ne produit de meilleurs marins & de meilleurs foldats. A cet égard les Norvégiens n'ont point dégénéré de leurs ancêtres dont l'hiftoire cite fi fouvent les actions courageufes & brillantes. Ils réuniffent à l'honneur, à l'intrépidité, toute la force du corps néceffaire dans le métier des armes. *Durum & indomabile genus bellatorum*, difoit d'eux un ancien hiftorien fuédois (1) *ob ingentem animi*

______

(1) Olaüs Magnus, Hift. Septentr. Liv. 6.

& corporis ferocitatem, ac etiam propter duriſſima NORVEGE.
exercitia .... *Acre genus hominum nullis bellorum*
aſperitatibus cedens .... On chercheroit vainement ailleurs une race d'hommes plus ſains &
plus vigoureux que dans les provinces orien-
tales & montueuſes de la Norvège, car ſur
les côtes de l'oueſt, la vie pénible & la nourriture des pêcheurs, les brouillards, les villes,
les étrangers, les matelots qui reviennent de
leurs courſes lointaines ont une fâcheuſe influence ſur le phyſique des habitans. Mais dans
les montagnes & loin des villes, la force, la
grandeur du corps, la beauté des couleurs &
des formes, un nombre conſidérable de vieillards ſains & vigoureux, tout annonce la plus
belle conſervation de l'eſpèce humaine. On
voit avec plaiſir ſur preſque tous les viſages cet
air de vie, de ſérénité, de gaieté même qui
eſt le ſigne certain de la ſanté & du bonheur.
En effet, c'eſt en ce point ſeul peut-être que
la phyſionomie n'eſt jamais trompeuſe ; le fripon
le plus décidé a ſouvent l'apparence de l'hon-
nête homme, plus ſouvent le ſot a les traits
de l'homme d'eſprit, & l'homme d'eſprit ceux
du ſot ; mais l'habitude des ſentimens ou pénibles ou agréables, de la gaieté ou de l'inquiétude, d'une végétation brillante ou languiſſante

est toujours fortement exprimée dans les traits, le regard & la contenance. A ce compte là il doit y avoir ici beaucoup d'hommes heureux, & le plaisir seul de faire cette observation paie les frais d'un voyage. Ceux qui ont parcouru les montagnes de Suisse ont eu plus d'une fois le même plaisir, & ce n'est pas le seul rapport comme vous le verrez, qu'il y ait entre ces deux pays.

Si les montagnards de Norvège sont heureux ils ont encore l'avantage de l'être long-temps. En général leur vie est longue, & c'est je pense avec l'Ecosse & quelques provinces de Suède, le pays où l'on trouve le plus de vieillards. L'évêque Pontoppidan en rapporte des exemples frappans. Il cite entr'autres quatre hommes & quatre femmes mariées qu'on présenta en 1733 au roi Chrétien VI lorsqu'il passa à Frédericshald. Leur âge total passoit de beaucoup les huit cent ans, puisque aucun de ces époux n'en avoit moins de cent. Ils étoient tous du voisinage de cette ville, & se portoient si bien qu'ils dansèrent leur danse ordinaire en présence du roi. La fécondité des femmes norvégiennes n'est pas moins remarquable; les familles composées de dix, douze, quinze enfans ne font point ici des merveilles, & le nombre des naiss-

fances excédant conftamment celui des morts,
la population deviendroit bientôt très-confidérable fans la perte continuelle que le métier de
matelot & celui de pècheur lui fait néceffairement effuyer.

Ce que Tacite difoit des Germains de fon
temps n'eft prefque plus vrai que des Norvégiens & de leurs voifins. Je ne prétends pas
parler de l'hofpitalité qui, felon *Pontanus*, *s'eft
réfugiée en Norvège en quittant la Germanie*; je
fais par mon expérience qu'elle exifte en Norvège, & je penfe que les Allemands l'exerceroient
encore comme autrefois, s'ils en trouvoient
plus d'exemples quand ils voyagent hors de chez
eux. Je ne veux parler que de la haute taille &
de la force du corps qui font encore des prérogatives plus communes en Norvège qu'ailleurs, & qui juftifient tout ce que difent Céfar,
Tacite, & d'autres auteurs anciens des Germains
de leur temps. Sans avoir pénétré bien avant
dans le pays j'ai fouvent rencontré de ces demi-
géans à l'afpect defquels il eft difficile de fe
refufer à un certain fentiment de refpect &
d'humiliation quand on n'a pas l'honneur d'être
de leur race. Toute la nation n'eft pas à beaucoup près compofée d'hommes pareils, mais ils
y font fans doute plus communs qu'ailleurs, &

ils donnent une idée de ce qu'elle a dû être anciennement, comme ces vieux arbres qu'on a laissé subsister çà & là sans les élaguer dans une forèt souvent ravagée par la main des hommes. Quand on se représente le spectacle que devoit offrir une armée de pareils hommes, on conçoit aisément ce que les historiens nous disent de la terreur des Romains & de leurs défaites répétées lorsqu'ils eurent pour la première fois les Cimbres à combattre. On comprend pourquoi long-temps après ils regardoient encore les Germains comme les plus redoutables de leurs ennemis, & pourquoi Végèce disoit *que la haute taille des Germains leur donnoit un grand avantage sur la petitesse romaine.* Vous savez, *Monsieur*, que les peuples de trois royaumes du nord étoient compris alors sous le nom général de Germains, & n'en différoient à aucun égard important. Aujourd'hui les Allemands ne sont guères plus grands que les Italiens, ils ont perdu cet avantage qu'ils avoient du temps de Végèce, mais ils ont acquis en revanche le talent de faire d'aussi bonne musique que celle d'Italie. Le séjour des villes qu'ils avoient autrefois en horreur, le luxe, la mollesse, l'étude du droit & des autres sciences, celle des arts & de tant de choses utiles & inutiles, ont influé chez eux fur les corps autant que fur les efprits, & affoibli la belle végétation qui produifoit ces effaims d'hommes grands, vigoureux, aux yeux bleus & féroces (pour me fervir des termes de Tacite); aux longues chevelures blondes, au teint animé des plus belles couleurs que les Romains admiroient & redoutoient en même temps. Tout cela fe trouve encore en partie dans les montagnes de Norvège. Je ne fuis point furpris que la tradition y ait placé un peuple de géans, & que *Saxon* le grammairien, & *Torfœus* beaucoup moins ami du merveilleux que lui, ayent cru que des géans en avoient été les premiers habitans. On difpute depuis long-temps fur la queftion s'il y a eu des géans ou non. Il faudroit peut-être convenir d'abord de la mefure que doit avoir un homme pour être reconnu *géant* fans contradiction. En attendant je penfe fur ce que l'on obferve encore aujourd'hui que des hommes de fept pieds de haut ou environ ont pu être très-communs autrefois dans le nord, & former même le plus grand nombre des habitans; fi ces hommes étoient en même temps très-forts, très-féroces, très-guerriers, comme il eft bien probable, n'ont-ils pas dû être appelés d'un nom particulier relatif à ces diverfes qualités, par les nations étrangères moins bien partagées qu'eux à cet égard ? Et ce nom quelconque fera celui qu'on traduit par le mot de *géant*. De cette manière la tradition dont je parle n'auroit rien de fabuleux. Il paroît par l'hiftoire ancienne de Norvège qu'une pareille race d'hommes a exifté, que dans des temps même très-poftérieurs il y a eu des princes & des guerriers d'une taille exceffivement haute, & qui étonnoit les autres nations. Tels furent par exemple le roi *Harald* le *févère* qui fit au onzième fiècle l'admiration de la cour de Conftantinople par fa taille de près de dix pieds, & ce fameux *Rolf*, *Rollon*, ou *Robert* le conquérant & le premier duc de Normandie, qui étoit fi grand qu'aucun cheval ne pouvoit lui fervir, & que la néceffité où il étoit d'aller toujours à pied fit furnommer le *piéton*.

Les montagnards norvégiens, furtout dans des cantons éloignés, n'ayant eu que peu de commerce avec les étrangers, vivant prefque auffi fimplement, auffi durement que leurs ancêtres, ont dû conferver en grande partie ces dons de la nature que nous autres peuples polis du midi échangeons de plus en plus contre des avantages de notre invention. Il faut croire qu'ayant autant d'efprit & de favoir que nous

en poſſédons ſans difficulté, nous ſavons bien
ce que nous faiſons, & que nous nous ſommes
déjà fort enrichis par cet échange. Je crois
devoir cependant vous remettre ſous les yeux,
Monſieur, ce que font les hommes du nord qui
ont eu la bêtiſe de reſter à-peu-près tels qu'ils
étoient. Je vous ai déjà parlé de leur ſanté,
de l'air de ſérénité répandu ſur tous leurs traits,
& de la longue durée de leur vie. Ce que j'ai
entendu dire de leur vigueur à des hommes
très-dignes de foi qui ont vécu avec eux, ce
que je trouve là-deſſus dans les mémoires de
l'évêque Pontoppidan doit auſſi faire juger leur
fort aſſez digne d'envie, & coûter peut-être
quelques ſoupirs à ces êtres foibles, languiſſans,
vaporeux dont nos ſociétés ſe peuplent de plus
en plus, êtres condamnés à la privation de la
plus grande partie des douceurs de la vie, &
qui n'exiſtent preſque que par un cerveau ſans
ceſſe offuſqué de penſées triſtement philoſophi-
ques. On m'aſſuroit donc qu'il étoit très-commun
de voir ces payſans marcher à pieds nuds ſur
la glace, aller dans les bois au cœur de l'hiver
la poitrine nue & couverte de neige, avec leurs
longues barbes pleines de glaçons, & chargés de
fardeaux qu'on ne feroit traîner ailleurs qu'à
des chevaux. « Lorſque l'excès de la fatigue les

» avoit mis en fueur, je les voyois, dit Pontop-
» pidan, fe jeter fur la neige toutes les demi-
» heures pour s'y repofer, & faire des boules
» de neige pour s'effuyer le vifage ou s'en rem-
» plir la bouche pour fe défaltérer. Pendant ce
» temps-là ils chantoient des chanfons propres
» à les égayer, & après neuf heures de travaux
» incroyables ils s'en alloient en courant chez
» eux avec un air de gaieté & de fatisfaction
» dont je n'ai jamais vu d'exemple ». C'eft à ce
que cet évêque appelle *l'humeur joviale qui leur
eft naturelle* qu'il attribue furtout le grand
nombre de centenaires qu'on trouve chez eux,
& il eft vraifemblable que cette circonftance y
a beaucoup de part, mais elle eft peut-être autant
un effet qu'une caufe. Le fentiment habituel
d'une brillante fanté & de tous fes heureux
attributs, ne peut manquer d'être accompagné
de celui de la gaieté quand rien d'ailleurs n'y
mêle de l'amertume, & de l'inquiétude. Et qu'eft-
ce qui troubleroit ce fentiment chez des hommes fi fimples, fi occupés, fi accoutumés à
n'imaginer, à ne défirer que des chofes qui font
fous leurs mains?

Les habitans des côtes, quoique en général
moins fains & moins vigoureux que ceux des
montagnes, font encore un des peuples pêcheurs

le plus fain, & le plus vigoureux du monde.
Ils fupportent les fatigues de leur profeffion
avec le même courage & la même gaieté que les
montagnards. On les voit au milieu de Janvier
fe réunir par centaines, hommes & femmes,
paffer les jours entiers & les nuits, quand la
lune leur prête fa lumière, fur la mer, dans
des bateaux ouverts, qu'ils ne quittent que
rarement pour aller coucher dans de mauvaifes
huttes avec leurs habits mouillés, & recommen-
cer le même travail le lendemain avec tant
d'empreffement & d'un air fi content qu'on croi-
roit, dit toujours le même auteur, *qu'il eft*
queftion pour eux d'une partie de plaifir. Je n'ai
ni lu ni obfervé moi-même en parcourant les
côtes des Pays-Bas & de la Baffe-Allemagne
rien de femblable à cette defcription. Les habitans y vivent de la pêche, & ceux mêmes qui
ne pêchent pas ne font point d'une conftitution bien vigoureufe, & quant à leur humeur
& à leurs manières, je confeille à tout voyageur
de s'abftenir, s'il le peut, d'en faire l'effai. Je
croirois que l'air des côtes de l'oueft de la Norvège eft naturellement plus fain, malgré fon
humidité, que celui des Pays-Bas & de l'Allemagne. D'ailleurs les montagnes qui bordent
la côte, & où une partie de ces pêcheurs

font établis, leur communication avec les montagnards, le caractère général de la nation, fa gaieté & fon hofpitalité fuffifent pour expliquer cette différence qui eft toute à l'avantage des Norvégiens.

Il faut vous dire quelque chofe, *Monfieur*, de la manière dont le payfan norvégien entretient cette fanté & cette vigueur. Il eft à cet égard fidèle aux ufages de fes ancètres, & n'a point, à l'exemple des habitans des villes, changé fon régime, pour adopter les nouvelles découvertes de la gourmandife, ou plutôt de la fatiété & de la vanité. Le pain de froment ne lui eft prefque pas connu. Ce grain eft très-rare en Norvège comme dans tous les pays expofés au même degré de froid. Les miliciens tranfplantés loin de chez eux à qui on en donne ne peuvent même s'y accoutumer qu'avec peine, & en font d'abord incommodés; le levain qui entre dans fa compofition en eft la caufe, fuivant Pontoppidan. C'eft donc avec de l'avoine que fe fait prefque tout le pain des habitans des campagnes. Ce grain eft ici plus blanc & plus nourri que dans nos contrées. L'épi qui le porte eft auffi plus élevé, & j'avois d'abord de la peine à le reconnoître. La manière d'en faire du pain m'étonna bien davantage. On lui donne la

forme

forme de gâteaux ronds & minces comme une
pièce de monnoie. Il se cuit sur une plaque de
fer sous laquelle on tient du feu, & deux femmes dont l'une l'étend, & l'autre le lève en
peuvent faire dans un jour la provision d'une
famille pour une année. Si je rendis justice aux
avantages de cette ingénieuse invention, je ne
pus d'abord juger aussi favorablement le pain
qui en résultoit. Il me parut rebutant & pour
le fond & pour la forme. Ensuite j'en pus man-
ger en le trempant, & je crois qu'enfin je m'y
serois accoutumé. Il se garde autant qu'on veut
& sans altération dans un lieu sec, & on en a
conservé pendant près de vingt ans.

Mais la récolte de l'avoine, ainsi que toutes
celles des grains, est exposée dans le nord à
de grands & de fréquens accidens. Aussi dans
les années & les cantons stériles le paysan norvégien a-t-il quelquefois recours, à l'exemple
de ses pères, à l'écorce de sapin qu'il fait sécher
& moudre, & mèle avec de la farine d'avoine
s'il en a. Le pain fait de cet étrange ingrédient
est d'un goût amer & résineux, & il nourrit
peu (1). Mais cette ressource est aujourd'hui

____

(1) La même nécessité a fait recourir les habitans
des provinces du nord de la Suède à la même ressource.

moins fouvent employée que dans les fiècles paſſés où les gouvernemens étoient moins pré-voyans, les communications moins faciles, & le commerce moins étendu. En effet, il étoit très-ordinaire dans les parties les plus reculées de la Norvège que des provinces entières fuſſent réduites à cette trifte extrémité, & quelquefois pendant pluſieurs années de fuite. Les peuples prenoient alors, comme il eft aſſez naturel, de l'humeur contre leurs maîtres, mais ils fe trompoient, je crois, en s'imaginant que le ciel n'avoit en vue que de punir les princes de leurs fautes par cette ftérilité dont perſonne ne fouf-

---

Je rapporterai ici dans fes propres termes le paſſage d'un auteur Suédois fur cet ufage. On verra avec quelle philofophie on fe foumet dans le pays dont il parle à une extrémité qui paroîtroit fi dure ailleurs. " Dans nos
,, provinces de Veftro-Bothnie, on fe fert de l'écorce
,, de fapin pour faire du pain, & pluſieurs braves gens
,, & foldats courageux s'en trouvent auſſi bien nourris
,, que les autres avec du froment ou du feigle, & ce
,, n'eft pas toujours par néceſſité qu'ils en mangent,
,, mais pour maintenir cette ancienne & noble vertu,
,, trop négligée en pluſieurs lieux, qu'on appelle la
,, *frugalité*. Un ouvrier ne remarque pas que fes forces
,, diminuent par l'ufage de ce pain d'écorce,,. (Voyez la Defcription de la Laponie-Suédoife par *Hægstræm*, citée dans l'ouvrage de l'évêque Pontoppidan, pag. 429.

froit moins qu'eux. Ils ne devoient accufer que
leur défaut de prévoyance ou leur indifférence
pour leurs fujets. On voit dans l'hiftoire de
Chriftophle III, roi de Dannemarc & de Suède,
que dans ce dernier royaume les peuples lui
donnerent le furnom de *Barka-Konung* ou de
roi d'écorce pour cette raifon. L'humanité a donc
déjà beaucoup gagné dans toute l'Europe fur
deux points effentiels, la famine & la pefte, dont
les ravages rempliffent les annales de nos ayeux.
Si nous obtenions une fois les mèmes adouciffemens fur le fléau de la guerre, il faudroit,
malgré l'ufage immémorial, bénir de bon cœur
ce fiècle préfent, & le préférer encore aux autres
malgré tous fes défauts.

Le gruau d'avoine & d'orge, feul ou mêlé
avec du poiffon fec & falé, ou cuit avec du
petit lait aigre, eft avec le pain la nourriture la
plus ordinaire du payfan. La viande fraiche n'eft
pas abondante en Norvège. Il en fale ce qu'il
peut pour fes provifions d'hiver. En été, il y
fupplée jufques à un certain point par plufieurs
fortes de gibiers, comme oifeaux, lièvres,
cerfs, élans, & rennes dans les provinces du
nord. Dans les montagnes, c'eft le lait & le
fromage, & partout le poiffon de mer & d'eau
douce qui font fa plus grande reffource. La

diverſité, la bonne qualité, l'abondance du poiſſon ſe réuniſſent pour lui faire préférer cet aliment à tous les autres, & frais ou ſéché, il peut en avoir toute l'année.

Sa boiſſon ordinaire eſt du lait mêlé avec de l'eau ou du petit lait aigre auſſi trempé. Il connoît auſſi la bierre, & il réſerve la plus forte pour les fêtes & les occaſions d'éclat.

Vous pouvez juger par-là, *Monſieur*, que le payſan norvégien ſe nourrit à peu de frais, & que c'eſt plutôt à l'excellence de ſon eſtomac qu'à celle de ſa nourriture qu'il doit ſa force & ſa ſanté. Mais quand cet organe admirable eſt bien conſtitué, il fait tirer des alimens les moins ſubſtantiels les ſucs les plus nourriſſans. Il eſt vrai qu'il faut encore dans ce cas-là ſuppléer à la qualité par la quantité ; auſſi, comme je vous l'ai déjà fait obſerver, a-t-il un appétit très-grand, & conſomme-t-il beaucoup plus que les habitans du midi. C'eſt un fait trop important dans la queſtion de l'influence du climat, pour que je puiſſe m'empêcher de vous le confirmer par une nouvelle preuve qui vous paroîtra, ce me ſemble, d'une grande force. Je l'emprunterai encore des mémoires de mon évêque. " Quand nos marchands de Bergen, dit-il, équi-
» pent au mois de Mars des vaiſſeaux deſtinés

„ à la pêche de la baleine fur les côtes de la
„ Grœnlande ou du Spitzberg, ils y chargent
„ précifément le double plus de provifions que
„ quand ils envoient le même nombre d'hommes
„ dans les ports d'Efpagne ou de la méditerra-
„ née. . . . Ceux-ci fe contentent d'une demi-por-
„ tion, parce que, ajoute l'auteur, la chaleur qu'ils
„ éprouvent étant plus grande, & la tranfpiration
„ plus abondante, cette chaleur ne fe concentre
„ pas dans l'eftomac comme dans les pays froids „.

Ajoutez à des repas compofés de ces alimens
de l'eau-de-vie & du tabac, & vous rendrez le
payfan & le matelot norvégien aufli heureux
que fi fon dîner étoit le fruit d'une grande
dépenfe & de la longue méditation du plus
favant cuifinier. A l'égard du bourgeois des
villes ou du marchand aifé, il n'eft pas aufli
aifé à contenter, & il fait en général meilleure
chère que les perfonnes du même état dans les
autres pays. Le meilleur poiffon, les coquillages
les plus eftimés, le gibier, & furtout les meilleurs vins font fervis avec profufion fur fa
table. Le commerce des Norvégiens étant très-
étendu, & furtout dans la méditerranée où ils
vont vendre leurs poiffons, il leur eft aifé de
fe procurer à un prix médiocre les vins les
plus recherchés, & ils fe prévalent de cette

facilité *au-delà*, dit l'évêque, *de ce qu'exigent le besoin & la bonne économie.* C'est ainsi que tout change avec le temps. Car après que les Norvégiens eurent renoncé à la piraterie qui leur procuroit des vins à moins de frais encore, ou plutôt, après que les calamités dont j'ai parlé eurent anéanti leur commerce, le vin fut chez eux d'une telle rareté que le pape Innocent VIII fut obligé d'accorder en 1490 aux églifes de Norvège une permiffion de faire ufage d'hydromel dans la célébration du faint-facrement.

Les Norvégiens font logés proprement & chaudement, quoique dans des maifons de bois. Il eft tout fimple qu'un peuple qui fournit des poutres & des planches à une partie de l'Europe ne fe les épargne pas à lui-même. Auffi ces maifons ont-elles de l'épaiffeur & de la folidité, & quand elles font revêtues de planches peintes à l'huile, comme c'eft l'ordinaire dans les villes, & que les vuides en font bien remplis de mouffe & de poïx ou de goudron, elles joignent à un air de propreté qui plaît à l'œil l'avantage d'être plus chaudes & moins fujettes à l'humidité que les maifons bâties de pierres (1).

---

(1) Elles font la plupart recouvertes de planches fur lefquelles on étend des écorces de bouleaux, &

Les gens du pays croient ces maiſons plus
ſaines, & par cette raiſon ou par ce préjugé
autant que par économie ils ſe refuſent à bâtir
des maiſons de pierres, quoique la pierre &
même le marbre abondent en Norvège. Mais
les incendies auſſi fréquens que terribles auxquels ils ſont expoſés, & dont en particulier
la ville de Bergen a peut-être plus ſouffert qu'aucune ville du monde, peuvent faire douter qu'ils
ayent raiſon en ce point.

Dans les campagnes la crainte de ce danger
engage les habitans à bâtir leurs maiſons aſſez
loin les unes des autres, comme Tacite remarque que les Germains le pratiquoient de ſon
temps. Ces maiſons ſont au milieu des terres
qui appartiennent à la famille, & l'on en voit
ſouvent qui forment le point de vue le plus
ſingulier, ou pour parler avec les Anglois, le
plus *romantique*. Ce ſont des habitations aſſiſes
ſur quelque pointe de rocher élevé, & quelque-

---

enfin un lit de gazon. Les tuiles deviennent cependant
d'un uſage plus commun, parce que la deſtruction des
bois a rendu plus chère cette écorce. On choiſit celle
du bouleau, parce qu'elle ſe pourrit moins promptement,
& on donne au gazon aſſez d'épaiſſeur pour qu'il pro-
duiſe dans la ſaiſon une herbe abondante qui attire
ſouvent des chèvres ſur ces toits.

Q iv

fois très-efcarpé, au haut duquel on ne monte que par un fentier très-étroit, où il a fallu fouvent pratiquer des degrés de bois ou de pierre; enforte que ceux qui n'y font pas accoutumés ne s'y hafarderoient pas fans danger. Ces maifons attirent d'autant plus l'attention des voyageurs dans ces fituations bifarres que ce ne font pas de fimples & chétives cabanes de payfan, comme en d'autres pays, mais ordinairement fix, huit, ou même dix bâtimens différens (lors même qu'une feule famille y eft logée) qui ont tous leur différente deftination. Les greniers, les étables, les bûchers, le magafin des provifions, &c. font des bâtimens diftinéts. Il y en a un quelquefois uniquement pour la cuifine. Le plus fouvent auffi le maître de la maifon a une forge & un moulin à eau pour fon ufage particulier; car ici, comme en Suiffe, la nature a répandu d'une main libérale les fontaines & les ruiffeaux.

Dans l'intérieur du pays où le bois eft encore abondant on rencontre fouvent des maifons fi grandes & fi bien bâties qu'un voyageur qui n'a pas été en Suiffe fe perfuade difficilement qu'elles puiffent appartenir à de fimples payfans. Elles ont un étage avec de bonnes chambres boifées proprement, de bonnes fenêtres, & ce

qui eſt une autre conformité avec celles des
payſans Suiſſes, une galerie de bois ſur l'un
des côtés. Les habitans appellent une chambre
qui a des fenêtres une *chambre de verre*, & c'eſt
encore un luxe dans bien des provinces. L'évêque Pontoppidan obſerve que dans ſon diocèſe
de Bergen des payſans, même très-aiſés, ne
veulent point encore admettre cet uſage faſ-
tueux, ignoré de leurs ancêtres. Ils aiment mieux
s'éclairer comme eux par un trou quarré pra-
tiqué au haut du toît, ce qui équivaut ſouvent à
ne voir goute. Il faut obſerver que chez ces
payſans philoſophes les chambres n'ont point
de plancher ſupérieur, que le toit ſeul en fait
les fonctions, & que le trou ſe ferme à volonté
au moyen d'un panneau de bois ſur lequel on
tend de la baudruche ou la veſſie de quelque
animal. On baiſſe ou on lève le panneau au
moyen d'une longue perche qui eſt encore à
d'autres égards un meuble de grande conſéquence, car tout homme qui entre dans la maiſon pour y faire quelque commiſſion importante,
& en particulier pour y porter des propoſitions
de mariage, doit tenir cette perche dans ſes mains
pendant tout le temps qu'il expoſe le ſujet de
ſa viſite.

Ce même trou ſert, comme dans beaucoup

d'autres pays, au paſſage de la fumée, & par-là on évite auſſi la dépenſe d'une cheminée. Je n'ai vu la Norvège qu'en été, & je n'ai pas eu occaſion par conſéquent d'éprouver tous les avantages des uſages anciens ſur ce point, mais après ce que j'ai entendu dire du temps où la neige & le mauvais temps obligent de fermer le trou quarré, je ne puis qu'applaudir au choix du terme par lequel on déſigne ces ſortes d'appartemens. On les appelle dans la langue du pays *chambres de fumée* par une eſpèce d'oppoſition *aux chambres de verre*.

C'étoit dans ces *chambres de fumée* que demeuroient autrefois les plus grands ſeigneurs & les rois eux-mêmes, puiſque l'hiſtoire de Norvège nous apprend que le roi Olaüs le pacifique, vers le milieu du onzième ſiècle, ordonna qu'à ſa cour & chez les grands ſeigneurs on conſtruiſît des cheminées & des fourneaux dans les chambres. La mémoire de ce prince mérite la vénération de tous les partiſans du luxe, & cette raiſon m'engage à vous en dire un mot. Il introduiſit dans ſon pays pluſieurs raffinemens ignorés juſques alors, & qui ne furent pas ſans doute approuvés des anciens de la nation. Il fit carreler, par exemple, avec des pierres les ſalles où l'on s'étoit contenté juſques alors d'étendre

du foin ou de la paille quand on recevoit compagnie. Il fit donner des gobelets au lieu des
grandes cornes dans lefquelles on buvoit dans
les feftins, depuis qu'on ne fe fervoit plus pour
cela des cranes de fes ennemis, comme le Dieu
Odin l'avoit recommandé; il faifoit éclairer fes
convives avec des bougies, quoique l'ufage eut
voulu qu'on fe contentât jufques alors du brâfier
allumé pour fe chauffer. Enfin il pouffa la magnificence jufques à introduire l'ufage de la
foie & de l'or dans les habits, & à donner des
feftins où paroiffoient plus de deux cent domef-
tiques à-la-fois, &c. &c. Ce prince fit d'ailleurs
tant de bien qu'il faut, je crois, *Monfieur*, que
vous lui pardonniez tous ces excès. Il poliça fon
peuple, défendit févèrement la piraterie, encouragea le commerce & les arts utiles, & contribua par de fages inftitutions à la fuppreffion de
la fervitude de la glèbe, qui étoit anciennement
établie en Norvège comme partout, & qui eft
un luxe de pouvoir ou de propriété plus dangereux, felon moi, que tous les autres enfemble.

Revenons aux Norvégiens modernes. On voit
encore chez eux un autre effet attribué au climat, ou du moins une preuve qu'ils ne fe font
pas beaucoup mélés avec les étrangers. Ils ont
tous les cheveux blonds, & les yeux bleus &

vifs, à la réserve d'un très-petit nombre. La même cause, dit-on, qui blanchit en hiver les plumes des oiseaux, le poil des lièvres, & de la plupart des animaux de leur pays, fixe en Norvège le siége de la couleur blonde pour les cheveux, de la bleue pour les yeux, & de la blanche pour les teints. Le même climat produit le même effet en Suède. Aussi quand *Linnæus* après avoir parcouru dans ses descriptions savantes les *quadrupèdes* & les *bipèdes* en vient à celle de l'homme, & des hommes du nord en particulier : il s'exprime ainsi dans son langage scientifique sur le compte de ce dernier bipède. *Gothi corpore proceriore, capillis albidis, rectis, oculorum iridibus cinereo-cærulefcentibus* (1). *Les Goths à la haute taille, aux cheveux blonds & droits (non crépus) aux yeux bleus-cendrés.*

L'embarras est de comprendre comment à côté de cette race d'hommes grands, blonds, aux yeux bleus, courageux & guerriers, se trouve aussi fixée depuis un temps immémorial une race petite, brune, bazanée, aux petits yeux noirs, au visage applati, aux grosses lèvres ; enfin la pacifique & timide race des Lapons. Elle commence relativement à la Norvège dans la

____

(1) *Fauna Suecica.*

province même de Drontheim où font les habitans les plus Norvégiens, fi je puis ainfi parler,
de toute la Norvège. Je fais que des favans, à
qui je dois tout refpect, fe tirent d'affaire en
difant que lorfque le froid eft extrème, il produit quelques effets femblables à ceux de la
chaleur exceffive, que le froid doit deffécher la
peau, l'altérer, & lui donner une couleur bazanée. Mais je vous avouerai, *Monfieur*, que je
ne faurois trouver cette explication fatisfaifante,
& je vais vous en dire les raifons.

1°. Si cela étoit, il y auroit entre le *géant
norvégien* & le *nain lapon*, entre les cheveux
très-blonds & les cheveux très-noirs, entre les lys
& la fuie, des nuances qui correfpondroient aux
degrés de froid, & la Norvège & la Suède
feroient peuplées d'une race qui participeroit de
la germanique & de la laponne. Mais il arrive
précifément le contraire, puifque c'eft dans les
provinces de Norvège & de Suède qui touchent
à la Laponie que font les hommes les plus dif-
tans des Lapons par la taille & par la couleur.

2°. Les habitans des parties les plus élevées
de la Norvège, qui font expofés à un froid auffi
rigoureux que plufieurs peuplades de Lapons, ne
paroiffent pas avoir la moindre difpofition à leur
reffembler jamais. L'hiftoire nous apprend avec

certitude qu'une colonie de Norvégiens peupla l'Islande il y a plus de huit cent ans. Le froid eſt extrême dans cette iſle ſituée ſous le même climat qu'une partie de la Laponie. Mais ces huit ſiècles de frimats & de glaces n'ont pu paſſer encore une ſeule couche de brun ſur le teint des Iſlandois, ni noircir leurs yeux bleus, ni donner le moindre air lapon à leur phyſionomie.

3°. Les Lapons ont indubitablement la même origine que les Finlandois & les Samojèdes. L'identité de leur langue avec celle des Hongrois, & d'autres circonſtances prouvent qu'ils deſcendent des Huns qui avoient comme eux des cheveux bruns, des yeux noirs & petits & des viſages écraſés. Les diverſes tribus des Huns répandus ſous des climats très-différens ont toutes conſervé la même phyſionomie lorſqu'elles ne ſe ſont pas mêlées avec d'autres nations. Ce n'eſt donc point l'extrême rigueur du froid qui leur a donné cette couleur & cette phyſionomie, ou ſi c'eſt le froid, il lui a fallu un prodigieux nombre d'années pour opérer cet effet, puiſque huit ſiècles, comme on vient de le voir, n'ont pu donner encore une teinte de brun aux Norvégiens d'Islande.

Ainſi, *Monſieur*, ſi nous n'étions pas certains que tout le genre humain a un ſeul & même père , blond ou brun , nous ferions tentés de croire que les principales races humaines ont été primitivement formées de différens limons, dont la couleur peut réfifter pendant bien des fiècles à l'action du froid & du chaud, avec cette grande différence cependant, que le foleil noircit bien plus aifément & plus promptement les teints & les yeux des hommes blonds , que le froid ne rend blonds les hommes bruns, fuppofé même que le froid ait ce pouvoir (1). Quoi-qu'il en foit de cette queftion obfcure & oifeufe, il paroît du moins certain que dès les temps de la plus haute antiquité il y a eu deux races principales dans cette partie du globe que nous habitons; la race celtique ou germanique qui a peuplé tout l'occident , le midi , & une partie du nord ; l'autre que j'appellerai la race tartare, qui s'eft emparée du refte du nord & du nord-eft de l'Europe fous le nom de Tartares, Sar-mates , Ruffes , Polonois , auxquels je joins les Finlandois, les Huns , les Lapons, les Sa-mojèdes , quoique je n'ignore pas qu'il y ait entre ces nations d'affez grandes différences. Les

---

(1) L'exemple des Juifs qui depuis tant d'années demeurent au milieu des Allemands & d'autres peuples du nord fans leur reffembler , peut en faire douter.

traits, la phyſionomie, la couleur ont diſtingué & diſtinguent encore aujourd'hui ces deux races principales, malgré leurs mêlanges. Leurs caractères diſtinctifs ſont encore ſaiſis facilement par tous ceux qui ont été à portée de les comparer, & un coup-d'œil jeté ſur la carte ſuffit pour faire voir que ces caractères ne tiennent point au climat. L'hiſtoire nous apprend auſſi qu'ils ſont très-anciens. Leur origine appartient donc à quelque cauſe d'une grande antiquité, cauſe qu'il ſera, je penſe, toujours bien difficile de connoître.

Cette queſtion m'a mené bien loin de la Norvège & même de la Laponie. Vous ſavez, *Monſieur*, qu'une partie conſidérable de ce dernier pays dépend de la couronne de Norvège où on l'appelle *Nordland* & *Finmarc*, & les habitans Finnois. Eux-mêmes ſe nomment *Same*, nom fort reſſemblant à celui par lequel les Lapons Ruſſes & Suédois, les Samojèdes & les Finlandois ſe déſignent dans leur langue. Depuis qu'il y a un profeſſeur de langue laponne & un ſéminaire en Norvège pour achever la converſion de ce peuple ſauvage & indigent, il nous eſt enfin connu par des relations exactes & dignes de foi. Je vous citerai entr'autres, *Monſieur*, celle de M. Canut *Leem*, profeſſeur

en langue laponne qui peut fatisfaire complètement votre curiofité. Ce favant a parcouru en
qualité de miffionnaire toutes les parties de la
Laponie norvégienne, il a étudié à fond la langue, les opinons, les mœurs des habitans. Il
relève dans fon ouvrage un grand nombre d'erreurs accréditées par les relations de quelques
voyageurs qui n'ont vu le pays qu'en courant.
On doit au même auteur une grammaire & un
vocabulaire lapon, deftinés aux miffionnaires
qui vont prêcher avec un zèle digne d'éloges
les vérités du chriftianifme à ce peuple ftupide
qui les admet plus aifément qu'il ne les comprend, & dont l'innocence eft encore mieux
affurée par fon ignorance & fa pauvreté que
par nos leçons. Mais ce dictionnaire & ce vocabulaire ferviront auffi aux favans qui font des
recherches fur l'origine des peuples par leurs
langues, recherches trop négligées jufqu'ici, &
qui font peut-être le feul fil qui puiffe nous
guider dans la vafte & ténébreufe étendue des
temps auxquels l'hiftoire ne remonte point.

Je vous ai déjà parlé, *Monfieur*, des difpofitions naturelles des Norvégiens pour les arts
& des progrès qu'ils y faifoient même fans le
fecours d'aucune théorie. Il eft conftant qu'ils
n'en ont pas moins pour les fciences, & qu'en

particulier ceux qui habitent l'intérieur du pays & les montagnes paroîſſent doués de la vivacité & de la pénétration qui peuvent faire réuſſir dans cette étude. Loin que le froid glace & engourdiſſe chez eux les facultés de l'eſprit, on a remarqué que plus on va au nord, plus on leur trouve de feu & de vivacité, enforte que les habitans de la province de Drontheim la plus ſeptentrionale du royaume eſt celle qui produit les hommes les plus intelligens. L'ancienne hiſtoire de Norvège prouve la vérité de cette obſervation, autant que les relations modernes. En effet, tous les ſuccès des Islandois dans l'hiſtoire & la poéſie, ſuccès ſi étonnans dans le ſiècle de ténèbres où ils ont fait briller ce rayon preſque unique de goût & de connoiſſances, on peut, & on doit même en faire honneur aux Norvégiens, & ſurtout à ceux de la province de Drontheim les plus voiſins de l'Islande qui peuplèrent cette isle peu de temps avant cette époque, & qui ne firent pendant long-temps preſque qu'une ſeule nation avec les Islandois. On ne peut douter que ceux qui peuplèrent cette isle les premiers n'y euſſent porté avec eux ce goût & ces talens pour la poéſie & pour l'hiſtoire. Il y avoit parmi eux pluſieurs perſonnes du premier rang que la

tyrannie de Harald forçoit à chercher une nouvelle patrie, & l'on fait qu'alors c'étoit dans
l'opinion des Scandinaves un des attributs de
la naiſſance & de la bonne éducation que d'ètre
poëte. Auſſi un ſeigneur norvégien qui étoit
comte dès Orcades ſe vante-t-il dans une chan-
ſon qui nous a été conſervée, de poſſéder neuf
talens différens, & entr'autres ceux de jouer
aux échecs & de divers inſtrumens de muſique,
& de faire des vers. La liſte des poëtes du nord
qui ſe rendirent célèbres dans ce ſiècle & les
ſuivans eſt très-nombreuſe, & les Norvégiens
y occupent une grande place. Enfin, il paroit
évident par pluſieurs traits de la mythologie
du nord ou de l'Edda qu'elle a eu, comme je
l'ai obſervé, des Norvégiens pour auteurs ou
pour rédacteurs.

Je ne crois pas que les habitans de la Neuſ-
trie ayent été regardés comme des êtres plus
penſans que le reſte des Gaulois avant l'invaſion
des Normands. Si je ne me trompe pas en
cela, c'eſt donc depuis cette époque que la
Normandie eſt devenue le pays de Sapience.
Quoique les Normands fiſſent alors la guerre
en barbares, les ſtratagèmes dont ils uſoient
fréquemment, & leurs ſuccès prodigieux dans
tous les pays où ils portoient les armes & où

ils fondoient de nouveaux états prouvent auſſi qu'ils joignoient à la valeur, de la réflexion, de la politique & de la ruſe. On leur attribue encore aujourd'hui ces qualités. L'évêque *Pontoppidan* nous apprend que quand on s'entretient avec des payſans norvégiens ſur des ſujets même dont ailleurs cet ordre de gens s'occupe fort peu, *on trouve leurs queſtions ſi ſenſées, leurs réponſes ſi juſtes, leur jugement ſi droit, leurs expreſſions ſi claires & ſi énergiques, & leurs réflexions quelquefois ſi profondes, qu'on eſt rempli d'étonnement en voyant que la nature ſeule fait plus pour eux qu'ailleurs toute l'éducation & toute l'étude poſſible.* A ce compte-là vous voyez, *Monſieur*, que la branche des Norvégiens établie en France a de qui tenir, & que ſi les Normands ont conſervé tant de choſes de leurs ancêtres, ſi par exemple, ils aiment à plaider comme eux, ils n'ont pas oublié de garder auſſi ce qu'ils avoient de meilleur.

Les longues calamités que la Norvège eſſuya dans les ſiècles ſuivans, & le défaut de ſecours & d'encouragemens ont cependant rallenti dès-lors le développement du génie naturel des Norvégiens du moins relativement aux ſciences. Ils n'ont que peu d'écrivains d'un certain mérite à citer depuis pluſieurs ſiècles, & je doute que la lifte affez longue qu'en produit l'évèque Pontoppidan fuffife pour illuftrer une nation. *Magnæus*, *Torfæus*, *Gunnerus*, *Sperling* font des auteurs favans il eft vrai; ce fiècle a produit encore *Schœning* bon critique & profond littérateur, & quelques naturaliftes eftimés. Mais je ne vois dans cette lifte aucun Norvégien qui ait fait briller à un certain degré ce qu'on eft convenu d'appeler du génie, excepté le baron de Holberg. Cet homme vraiment doué de grands talens, remarquable d'ailleurs par l'ufage qu'il en a fait & par diverfes fingularités de fa vie, mérite fans doute d'être plus connu qu'il ne l'eft hors de fon pays. Cette confidération m'engage, *Monfieur*, à entrer dans quelques détails fur fon fujet. Je les emprunterai en grande partie de fes propres ouvrages & furtout de fa *lettre à un grand feigneur* qui eft une efpèce de confeffion très-naïve, & fouvent très-plaifante des principaux événemens de fa vie. Vous me pardonnerez ces détails, *Monfieur*, foit parce qu'ils font affez ignorés, foit parce qu'ils forment l'article le plus important du dictionnaire des favans illuftres de la nation que j'ai voulu vous faire connoître.

Louis Holberg naquit en 1681 dans la ville de *Bergen* ou *Bergue*, la plus confidérable de

Norvège. Quoique fon père fût lieutenant-colonel il convient cependant de bonne foi qu'il n'a jamais pu faire remonter plus haut fa généalogie. Son père s'étoit élevé par degrés du rang de fimple foldat à celui de lieutenant-colonel, & ce qui n'eft pas moins rare, il avoit gagné affez de bien dans cette profeffion noble, mais ingrate, pour fubvenir honnètement à l'entretien d'une famille très-nombreufe. Malheureufement pour Louis Holberg qui étoit un des cadets, il perdit fon père lorfqu'il avoit à peine un an, & pour furcroit de malheur un incendie confuma peu de temps après la plus grande partie de fa fucceffion. L'économie de fa mère eut pu cependant fuppléer jufqu'à un certain point à tout ce qu'il avoit perdu, mais la deftinée qui vouloit qu'il dût tout à lui-même lui enleva ce dernier appui lorfqu'il entroit dans fa dixième année.

Le fouvenir des fervices de fon père fut alors prefque tout le patrimoine qui lui reftât. En cette confidération on lui donna de l'emploi dans un des régimens de milice de Norvège, c'eft-à-dire, qu'on le fit caporal, ce qui lui donnoit plutôt l'efpérance que le moyen de fubfifter. Alors fon tuteur inftruit de fon fort, de fon goût & de fes talens pour l'étude le fit

venir chez lui, à Bergue, où le précepteur de
ses enfans prit soin de son éducation. Ce tuteur
fit plus encore, il envoya le jeune Holberg à
Copenhague pour y continuer ses études. Ce
voyage en fit décidément un homme de lettres:
il y prit, dit-il, dès ce moment la résolution
de renoncer à tous les lauriers qu'il eût pu
espérer dans la carrière des armes.

Ses heureuses dispositions lui promettoient
dans celle des lettres de plus grand succès. Il
soutint en effet d'une manière honorable les
examens prescrits par les réglemens de l'université. Mais au moment où les secours d'une
école aussi célèbre lui étoient les plus nécessaires, son tuteur se voyant hors d'état de
l'entretenir plus long'-temps dans une ville
où la dépense est considérable, l'obligea à
retourner en Norvège où il le plaça chez le
pasteur d'une paroisse de campagne pour être
son vicaire & le précepteur de ses enfans. Holberg qui dans un si court espace de temps
passoit ainsi de l'état de caporal à celui de précepteur & de prédicateur trouvoit après un
mur examen, dont il nous apprend lui-même
le résultat, que les deux premiers ne lui conve-
noient guères, mais il s'accommodoit bien des
fonctions de prédicateur parce que les paysans

de la paroiſſe goûtoient beaucoup la tournure de ſon eſprit & le genre de ſon éloquence ; cependant malgré cette affection & cette convenance réciproques il ne put reſter long-temps dans ce lieu. On trouva ſa morale trop ſévère pour ſes élèves, trop indulgente pour ſes auditeurs. On le renvoya à Bergue où il ne ſéjourna pas plus long-temps. Perſuadé par le ſuccès de ce début qu'il avoit reçu en partage le don de l'éloquence de la chaire, il réſolut de retourner à Copenhague & de s'y vouer entièrement à la théologie. Il exécuta ce deſſein, & apprit de plus le françois & l'italien, enſorte qu'auſſi long-temps qu'il put vivre dans cette ville de ſes petites épargnes, tout alla à merveille, les témoignages glorieux qu'il obtenoit de ſes maîtres l'empêchant de faire la triſte réflexion que cette reſſource alloit être bientôt épuiſée. Quand elle le fut enfin tout-à-fait, il fallut bien recourir de nouveau pour ſubſiſter à celle de la pédagogie dont ſon amour pour la liberté & pour l'étude l'éloignoit beaucoup. Il ſe ſoumit d'abord aſſez paiſiblement à cette triſte néceſſité, l'un des premiers malheurs qui attendent dans leur carrière ceux qui oſent ſe vouer aux lettres ſans fortune ; mais peu de temps après ſa répugnance pour cette profeſſion devint inſurmon-

table, & il réfolut d'y renoncer à quelque extré-
mité qu'il pût être réduit.

Son dégout étoit encore augmenté par un défir extrème de voyager, défir prefque inconnu aux peuples du midi, mais que ceux du nord comptent fouvent au nombre de leurs plus fortes paffions. Le jeune Holberg avoit pu jufques alors réprimer cette fantaifie ; mais ayant lu pour fon malheur le journal des voyages de l'eccléfiaftique dont il élevoit les enfans, il n'en fut plus le maître, & tous les obftacles qui s'oppofoient à fon deffein s'évanouirent dès ce moment. Pour applanir le plus grand de tous, celui du défaut total d'argent, il raconte lui-même dans fes lettres qu'il en fit de tout ce qu'il poffédoit fans exception, meubles, immeubles, droits, contracts, priviléges ; mais quand il eut, dit-il, tout vendu, tout aliéné & raffemblé le produit net avec le plus grand foin, il s'apperçut avec une douloureufe furprife qu'il ne fe montoit qu'à 60 écus, fomme qu'il foupçonnoit être infuffifante dans le projet qu'il avoit de parcourir l'Europe. Il ne perdit point courage cependant, & plein de confiance en la Providence dont il implora les fecours avec ferveur, il confia fa perfonne & fa fortune à un vaiffeau qui faifoit voile pour Amfterdam, & il arriva très-satisfait dans cette ville dont le séjour est si propre à convaincre en peu de temps un voyageur de la nécessité de l'argent.

Il ne tarda pas en effet à y faire des réflexions très-inquiétantes, & pour comble de malheur il se vit attaqué d'une fièvre opiniâtre qui mit ses forces corporelles dans un état analogue à celui de sa bourse. Dans cette triste circonstance un médecin lui déclara que le seul moyen de se rétablir étoit d'aller prendre les bains d'Aix - la - Chapelle. Il étoit en effet un de ces malades qui promettent peu de satisfaction aux médecins, & qu'ils envoyent volontiers par cette raison chercher la santé à une certaine distance. Mais en supposant que le conseil fût bon en lui-même, il n'en jeta pas moins Holberg dans le plus grand embarras. Il vit par un calcul simple & facile que s'il avoit de quoi aller jusqu'à Aix, il lui seroit impossible d'en revenir. Après cet examen un autre se feroit sans doute rembarqué pour la Norvège, mais il avoue lui-même dans la lettre que j'ai déjà souvent citée, qu'il trouva une certaine gloire à braver tous ces obstacles ; ou du moins une sorte de honte à retourner dans son pays après un voyage si peu fortuné. Quoiqu'il en soit il alla à Aix malgré fa foibleſſe , & il trouva en arrivant qu'il lui reſtoit encore ſix écus.

Après ſept ſemaines de ſéjour à Aix ſa ſanté étant fort bien rétablie il fallut ſonger à un moyen de quitter cette ville. Il tenta d'abord tous ceux qui pouvoient lui conſerver en partant les fonds néceſſaires pour gagner Amſterdam. Mais ſon hôte également impitoyable & vigilant voulut abſolument être payé , & il le fut; enſorte que Holberg en prenant congé fut obligé de lui laiſſer à-peu-près tout ce qu'il poſſédoit encore. Dans cette triſte ſituation il ſe remit en chemin ſans autre reſſource, dit-il, que la protection des muſes, ou ce qui ne vaut guères mieux, la commiſération du public. Il comptoit auſſi un peu ſur ſon talent pour la muſique qui n'étoit pas bien diſtingué, à la vérité, mais qui tel qu'il étoit pouvoit lui ſervir à exciter juſqu'à un certain point l'attention & l'intérèt des ames ſenſibles. C'eſt ainſi qu'à l'imitation des anciens Troubadours, & ſans autre ſauf-conduit que celui des deux muſes de la poéſie & de la muſique, *Holberg* ſe rendit à pied , ſans mourir abſolument de faim, d'Aix-la-Chapelle à Amſterdam, où il ſe propoſoit à regret de mettre fin à ſes voyages.

Un banquier de cette ville dont il étoit connu

lui ayant prêté une petite fomme, il s'embarqua en effet fur le premier vaiffeau qui fit voile pour la Norvège. Mais il ne voulut point retourner à Bergue fa patrie. Il craignoit trop les plaifanteries que fes amis n'auroient pas manqué de lui faire fur le trifte équipage dans lequel il revenoit de fes voyages. Il choifit donc une autre ville, & ayant mis pied à terre à *Chriftianfand*, il s'y produifit fur le pied d'un homme qui avoit acquis par l'étude & par l'exercice une parfaite connoiffance de la langue françoife. On l'en crut fur fa parole, & les difciples accoururent en foule. Mais la fortune lui retira bientôt cette faveur extraordinaire, & à dire vrai, peu méritée. Un marchand hollandois auffi privé de reffources que lui ouvrit auffi peu de temps après un cours de langue françoife, & foit que les bourgeois de Chriftianfand préféraffent l'accent hollandois au norvégien, foit que l'attrait de la nouveauté prévalût fur le favoir de Holberg, ils défertèrent prefque tous de fon école pour celle du nouveau venu. Holberg ne voulant pas partager un empire dont il avoit joui feul, & qu'il fe croyoit dû, partit fur-le-champ de Chriftianfand. Au fentiment d'une fi jufte indignation, fe joignoit, dit-il, cette hauteur qu'infpire naturellement la bonne fortune. En

PUGAT CHEF

effet, il avoit gagné par fes leçons de quoi entreprendre de nouvelles & de grandes expéditions;
il le croyoit du moins, & dans cette agréable
perfuafion, il n'héfita pas à s'embarquer pour
l'Angleterre.

Après avoir paffé quelques jours à Londres,
& examiné toutes les curiofités qu'on y peut
voir fans payer, *Holberg* fe rendit à Oxford,
où il paffa deux années entières, partagé entre le
plaifir d'acquérir des connoiffances, & la néceffité de les communiquer aux autres pour avoir
de quoi vivre. Il enfeignoit la mufique, la
grammaire, tout ce qu'on vouloit; il eût pu,
dit-il, donner des leçons encore plus utiles de
tempérance & de frugalité, car il poffédoit ces
vertus & les pratiquoit au plus haut degré. Mais
ce n'eft point ce qu'on lui demandoit à Oxford,
& ce mérite eût été plus admiré dans une univerfité efpagnole. Il eut le temps d'y ébaucher
un ouvrage intitulé *Introduction à l'hiftoire de
l'Europe* qui commença fa réputation lorfqu'il
le donna au public quelques années après.

Après avoir profité du féjour & des belles
bibliothéques d'Oxford autant que les circonftances avoient pu le lui permettre, Holberg
retourna par mer à Copenhague, où la confidération que fes voyages & fon favoir lui avoient

acquife lui fit donner la commiffion de conduire en Allemagne le fils d'un riche bourgeois, & à fon retour celle d'élever les fils d'un des premiers feigneurs de la cour. Ces occupations lui laifsèrent affez de temps pour achever & publier fon Introduction ; ouvrage qui fe reffent encore de fa jeuneffe, mais qui prouvoit du moins qu'il feroit en état de faire mieux un jour. Il le fit fuivre peu de temps après d'un autre intitulé *Supplément à l'hiftoire univerfelle*, qui n'eft autre chofe qu'un de ces *Etats* des royaumes & républiques de l'Europe qui fe font fi fort multipliés de nos jours. Il tira plus de fruit d'un *Effai fur l'hiftoire moderne de Dannemarc* qu'il dédia, quoique manufcrit, au roi de Dannemarc Fréderic IV. Il y avoit beaucoup de recherches & de travail dans cet ouvrage, & Holberg n'avoit encore rien fait d'auffi bon ; auffi en fut-il récompenfé en 1714 par le titre de profeffeur extraordinaire dans l'univerfité de Copenhague. Il eft vrai que pendant plufieurs années cet honneur devoit être fort ftérile, ou même embarraffant. Il ne pouvoit efpérer de jouir de la penfion qui y eft attachée qu'à la mort d'un des profeffeurs, & tous jouiffoient alors, à ce qu'il nous apprend, d'une fanté digne d'envie. M. Holberg qui avoit quitté fes élèves fe vit donc de nouveau réduit

à un état d'autant plus fâcheux que le rang
auquel il venoit d'être élevé lui interdifoit plufieurs reffources qu'il eut pu faire valoir dans
fa pofition précédente. Il obtint cependant enfin
une penfion de cent écus, & ce grand changement dans fa fortune ranima fubitement fon
goût pour les voyages. Exercé, comme il l'étoit,
dans l'art de voyager avec économie, il penfa
dès ce moment qu'il lui en coûteroit moins de
vivre ignoré dans les pays étrangers que s'il
reftoit à Copenhague, où il n'auroit pas ofé
fuivre fi librement fon averfion naturelle pour
le fafte & la dépenfe. S'étant donc embarqué
pour la troifième fois, il prit le chemin de Paris
par les Pays-Bas, & s'approcha, dit-il, de cette
ville autant qu'il put par la voie des canaux.
Obligé enfuite de les quitter, & trouvant les
chemins très-bons, penfant d'ailleurs que rien
ne le preffoit, il alla dès-lors à pied jufqu'à
Paris. En entrant dans cette grande ville, extrêmement fatigué, il fut encore obligé d'errer
long-temps çà & là pour trouver une auberge.
Ce même homme qui peu de temps auparavant
avoit été maître de langue françoife en Norvège
ne pouvoit fe rendre intelligible à Paris, & il
avoit le défagrément d'entendre qu'on répondoit
toujours à fes queftions en françois par des

excufes de ce qu'on ne favoit pas l'allemand. Mais enfin il fe mit en état par de nouvelles études d'être mieux entendu, il acquit l'ufage de la langue, & prit beaucoup de goût pour le féjour de Paris, où il n'avoit cependant pas d'autre amufement que de confulter les favans & de vifiter les bibliothéques.

Il y paffa une année & demie dans ces occupations que fon goût & fes vues lui rendoient auffi agréables qu'utiles; mais fa paffion pour les voyages n'étoit pas encore fatisfaite. Dans cet intervalle paifible le hafard lui fit rencontrer un voyageur auffi philofophe fans doute que lui qui l'affura qu'on pouvoit aller très-agréablement de Paris à Rome pour la fomme de vingt écus. Cette facilité inefpérée l'enflamma d'abord du défir de voir l'ancienne capitale du monde, & il ne tarda pas à fe mettre en route. Il fit encore ce voyage prefque tout à pied, mais avec bien moins de fuccès que la première fois. Il eut beaucoup à fouffrir dans ce voyage, fa mufique ne réuffit point en Italie, la fiévre-quarte le faifit, & dans le trajet de Gènes à Civita-Vecchia il fut fur le point d'être pris & emmené prifonnier à Alger. Echappé comme par miracle à ce danger, mais fuivi par la fiévre jufqu'à Rome, à peine eut-il en arrivant les

forces

forces néceſſaires pour viſiter à pas lents les
principaux monumens de l'antiquité qu'on ad-
mire dans cette ville. Il y paſſa cependant l'hiver,
& revint, ſuivant ſa manière ordinaire de voyager, par Florence, Bologne, Turin, à Lyon,
& de-là à Paris, où il tenta vainement de déra-
ciner cette fiévre opiniâtre qui ne l'avoit point
quitté. Les ſecours des médecins de Paris ayant
été inutiles, il n'eſpéra plus rien que de l'air
natal ; mais comme il étoit prêt à s'embarquer
à Amſterdam, il ſe trouva tout-à-coup parfaitement rétabli au ſortir d'un concert auquel il
avoit pris extrèmement de plaiſir. C'étoit la
ſeconde fois que la muſique lui rendoit un
ſervice eſſentiel, auſſi l'aima-t-il beaucoup toute
ſa vie, & en fit-il toujours ſon principal amu-
ſement.

De retour à Copenhague en très-bonne ſanté,
ſatisfait & glorieux d'avoir vu Londres, Paris
& Rome, d'y avoir acquis des connoiſſances
utiles, & un commencement de réputation :
rien n'auroit manqué, diſoit-il, à mon bonheur
ſi j'euſſe eu de quoi vivre, ou, ſi j'avois du
moins vu briller quelque rayon d'eſpérance de
ſuccéder bientôt à quelqu'un de ces profeſſeurs
dont les penſions m'étoient promiſes. Mais pendant deux années entières la déeſſe de la ſanté

couvrant de ſes aîles tous les membres de l'uni‑
verſité , M. de Holberg ſe vit preſque réduit à
regretter ſa fiévre & le dégoût qui l'avoit ſuivi,
& à ſe plaindre autant de ſa bonne conſtitution
que de celle d'autrui. Cependant, malgré les ſen‑
timens pénibles que cette ſituation devoit lui faire
éprouver , il ne laiſſa pas de publier un nouvel
ouvrage ſous le titre d'*Introduction au droit de
la nature & des gens* ; mais ſoit que cette pro‑
duction ſe reſſentît des circonſtances difficiles
où elle étoit née , ſoit que le goût du public
de Dannemarc ne fût pas alors tourné du côté
du droit des gens , elle fut reçue avec beaucoup
de froideur. M. de Holberg avoue même dans
ſa lettre qu'elle lui attira des reproches très-vifs
de ſon libraire ; mais il ne conclut pas de-là,
comme il le dit dans le même endroit , que ſon
livre fut mauvais, il s'en prit ſeulement au goût
de ſes compatriotes , parmi leſquels, ſelon lui ,
la nobleſſe ne liſoit guères alors que des livres
françois & anglois , & le peuple que des livres
de dévotion dont les titres ſeuls peuvent faire
comprendre le goût & le ſtyle. C'étoient, par
exemple , *la chaîne des prières* , *l'échelle pour
monter au ciel* , le *Jardin du paradis*, le *Preſſoir
des larmes* , &c. &c. Mais il eut bientôt un
grand motif de conſolation : la profeſſion de

métaphyſique devint vacante, & il fut appelé
de droit à la remplir; il avoue lui-même que
cette reine des ſciences, comme la nommoient
alors ſes ſectateurs, n'étoit peut-être jamais tom-
bée en de ſi mauvaiſes mains. En effet, M. de
Holberg ne s'étoit point appliqué juſques alors
à deviner les ſublimes logogryphes de la métaphyſique qu'on enſeignoit encore dans les écoles.
Il n'avoit cultivé que l'hiſtoire, le droit public,
la poéſie & les belles-lettres. Mais ſi la métaphyſique gagna peu, ou perdit même avec le
nouveau profeſſeur, celui-ci au contraire s'en
trouva fort bien; il reprit en peu de temps tout
ſon embonpoint naturel, & fit avec plaiſir &
ſenſibilité l'éloge de cette ſcience, ou, ſelon
d'autres, dit-il, ſon oraiſon funèbre, dans le
diſcours inaugural qu'il fut appelé à prononcer
dans cette occaſion. Il eut fallu cependant l'en-
ſeigner ſans un événement imprévu qui le tira
d'embarras. Il ſe fit pluſieurs changemens dans
l'univerſité, au moyen deſquels il devint aſſeſſeur
du conſiſtoire, charge qui ajouta à ſa dignité
& à ſes revenus, & lui laiſſa pendant le reſte
de ſa vie la liberté & le loiſir de s'attacher à ſes
études favorites.

Je dois donc à préſent, *Monſieur*, vous faire
connoître M. de Holberg par un nouveau côté;

il faut vous montrer en lui l'homme de lettres, le poëte, l'hiſtorien : vous allez juger auſſi vous-même qu'il vous eût été difficile d'apprécier ſon mérite comme auteur, ſi par une délicateſſe outrée, & qui n'étoit point du tout dans ſon caractère, je vous euſſe fait un myſtère des aventures & des occupations de ſa jeuneſſe. Quelque force que puiſſent avoir nos penchans naturels, on ne peut douter que les impreſſions reçues à cet âge n'ayent la plus grande influence ſur notre façon de penſer & de ſentir pendant le reſte de notre vie. M. de Holberg n'entra que fort tard dans la ſociété de cet ordre de perſonnes, que leur éducation, l'aiſance dont elles jouiſſent, leurs occupations & ſurtout leur oiſiveté invitent à cultiver leur goût, à recher-cher par préférence ce qui le flatte, & à donner à ce qu'elles diſent la tournure la plus agréable. On n'oſeroit dire en françois qu'il avoit vu trop tard la *bonne compagnie*, parce que cette expreſſion beaucoup trop honorable pour cette compagnie-là qui n'a après tout ſur les autres que l'avantage d'un vernis plus brillant ; cette expreſſion, dis-je, ſemble ſuppoſer que celui qui n'y a pas été admis en fréquente une mau-vaiſe, ce qui n'eſt point une conſéquence juſte. Il y a ſans doute pour les gens-de-lettres qui

s'appliquent à des études férieufes & folides,
une fociété très-bonne qui eft celle des hommes
fenfés & inftruits qu'une élévation & une fortune médiocres éloignent également de la grof-
fiéreté du peuple & de la frivolité des gens du
monde. Mais il faut avouer que les auteurs qui
s'attachent à un genre de pur agrément, & furtout ceux qui fe vouent au théâtre, doivent au
moins avoir connu de bonne heure ces fociétés,
& furtout celle qui eft en poffeffion de donner le
ton aux autres dans tout ce qui tient au goût & à
l'expreffion. Si M. de Holberg n'eut jamais écrit
que des ouvrages de droit public, & même
d'hiftoire, peu de fes lecteurs fe feroient apperçus de ce qui lui avoit manqué à cet égard,
on n'eut vu dans fes ouvrages qu'un fens droit
& jufte qui favoit apprécier les chofes à leur
jufte valeur, & fe garder de tous les extrèmes,
une expreffion claire & facile, une vafte érudition. Mais il voulut écrire un poëme héroï-
comique dans le goût du Lutrin, & il entra
enfuite dans la carrière du théâtre, & alors
tout le monde vit, & a mieux vu encore
depuis, qu'il ne peignoit que des objets affez
communs d'une manière trop commune, que
l'élégance & la nobleffe lui manquoient fou-

S iij

vent, ou qu'il fembloit en faire affez peu de cas que dans fes poéfies il vouloit plutôt avoir le ton de Scarron que celui de Boileau, & que dans fes comédies il avoit plutôt pris Plaute pour modèle que Térence. Mais les premiers fuccès de ces divers ouvrages furent tels qu'il n'eut que des fujets de s'en applaudir. Son poëme héroï-comique intitulé *Pierre Pors*, du nom du héros, étant rempli de plaifanteries & de traits malins fut accueilli avec empreffement, & l'auteur fe glorifie beaucoup de ce qu'on en fit trois éditions en peu de temps, ce qui arrive bien rarement à des ouvrages écrits dans une langue dont le reffort eft fi peu étendu. Ce fuccès l'engagea à publier des fatyres qui lui attirèrent bien des ennemis, ce qui fuppofe du moins qu'elles furent lues avec empreffement. Elles plaifoient plutôt par ces traits piquans, & par un grand nombre de vers empruntés des plus fameux fatyriques anciens & modernes, que par le mérite de la verfification qu'on trouvoit dure & profaïque. M. de Holberg s'étoit appliqué affez tard à la poéfie, preuve affez fûre que ce n'étoit pas là fon talent, mais il donna du moins un bel & rare exemple aux poëtes médiocres, c'eft qu'il y renonça de très-bonne heure.

En effet, il écrivit toutes ſes comédies en proſe.
Mais quoique il n'eut commencé qu'aſſez tard NORVEGE.
à compoſer pour le théâtre, on ne peut pas
dire de même que la nature lui eut refuſé
la veine çomique. Il n'avoit pu penſer à écrire
dans ce genre avant qu'il y eut un théâtre dans
ſon pays, & on peut dire qu'avant l'année
1722 la nation n'en avoit point qui méritât
d'être nommé. Cette année-là on forma le
projet d'avoir une comédie à l'imitation des
autres pays. Toutes les meſures étant priſes,
il ne manquoit plus qu'un auteur comique
pour l'entière exécution d'un projet auquel les
Danois attachoient une ſorte de gloire. Alors
M. de Holberg ſe préſenta. On étoit déjà ſûr de
ſon tour d'eſprit railleur & ſatyrique. On ſavoit
qu'il avoit lu les meilleures pièces de théâtre
des anciens & des modernes. On le pria donc
de compoſer pour le théâtre danois, & le
public eut lieu de s'en applaudir auſſi bien que
lui-même. Il débuta par le *Potier d'étain politique*
qui eut un très-grand ſuccès. C'étoit la première
pièce originale, régulière, ou à-peu-près régulière, qu'on eut jouée en langue danoiſe. On y
tournoit en ridicule d'une manière ſouvent aſſez
plaiſante la paſſion des gens du peuple pour la
politique, leur ignorance & leurs ridicules

raifonnemens dans cette matière. Cette pièce avoit un mérite local, fi je puis ainfi parler, qui ne pouvoit paffer dans une autre langue, & on l'a tenté vainement. *Lucrèce* ou *la Journalière* qui fuivit de très-près me femble une pièce bien fupérieure ; elle feroit du moins d'un goût plus général, mais peut-être eft-elle encore inférieure à *la Mafcarade*, où l'auteur femble avoir prouvé qu'il eut été capable de quitter, s'il l'eût voulu, ce ton familier, ce ftyle trivial qui déparent prefque tous fes ouvrages. Ces trois pièces avec *Henri & Pernille* ont été traduites en françois, mais avec fi peu de talent & en fi mauvais langage que les étrangers n'ont pu leur rendre toute la juftice qu'elles méritent. J'ai vu cependant des critiques qui, au travers de toutes ces enveloppes rebutantes, avoient fu démêler dans l'auteur de la facilité, du naturel, de l'invention, & cette *verve comique* qui eft devenue fi rare, & qui devroit expier une multitude de défauts. Quelques journaliftes lui ont rendu publiquement cette juftice.

Je ne vous fatiguerai pas, *Monfieur*, par l'énumération de toutes ces pièces. Je m'en tiendrai à ce jugement honorable auquel je foufcris volontiers, quoiqu'il y en ait dans ce grand nombre quelques-unes qui font certai-

nement au - deſſous du médiocre. L'auteur n'a
point ſu ou voulu tirer de ſon génie tout ce
qu'il pouvoit lui fournir. Il ſembloit ſe ſoucier fort
peu de plaire à des lecteurs d'un goût ſûr &
délicat. Satisfait des ſuffrages de la multitude,
ou plutôt enivré de ſes applaudiſſemens, il ſe
perſuadoit volontiers qu'une pièce de théatre
n'étoit pour lui qu'un ouvrage de quelques jours.
Il recueilloit plus vîte ainſi le fruit de ſes peines,
ou plutôt il recueilloit ſans peine & les louanges
& les profits, oubliant ainſi la poſtérité qui,
par cette même raiſon, commence à l'oublier à
ſon tour.

Ce qui ajoutoit à ſa ſatisfaction, c'eſt que la
plupart de ces pièces ſe traduiſoient en allemand, & ſe jouoient avec le même ſuccès dans
pluſieurs villes d'Allemagne. On voit par ſes
lettres que cet honneur le flattoit beaucoup, & lui
perſuadoit qu'il n'avoit rien à craindre des critiques. Mais le théâtre allemand qui eſt très-per-
fectionné aujourd'hui étant alors dans l'enfance,
cette preuve ne paroîtroit pas bien concluante
actuellement. Il avoit plus de raiſon ſans doute
de ſe glorifier d'être le *Père*, le *Créateur* de la
comédie danoiſe. Ce titre ne ſauroit lui être con-
teſté, & le ſens qu'on y attache rappelle avec
raiſon l'idée d'un génie qui a ſu s'élever au-

deſſus de ſes contemporains, & s'eſt acquis des droits ſur la reconnoiſſance & l'indulgence de la poſtérité (1).

Dans le même temps que M. de Holberg pro-duiſoit ſur la ſcène *Henri & Pernille*, & beau-coup d'autres laquais & ſervantes, pendant qu'il les faiſoit parler avec le plus grand ſcrupule leur véritable langage , il faiſoit auſſi paroître ſur une autre ſcène des rois , des héros , des ſaints, dans les divers ouvrages hiſtoriques qu'il pu-

---

(1) M. de Holberg contribua en effet beaucoup par ſes pièces de théâtre , compoſées dans les années 1723 , 1725 , à l'établiſſement du théâtre danois , mais ce premier établiſſement dura peu , il finit en 1727 , & l'auteur célébra cet événement, ſelon ſon tour d'eſprit, par une pièce intitulée *Funérailles de la comédie danoiſe* , &c. Ce théâtre ayant été rétabli quelque temps après, il recommença à compoſer des comédies , & il en donna une collection complète au public en 7 volumes qui contiennent trente-cinq comédies. La plupart n'ont pas été jouées, du moins ſouvent, ſur ce nouveau théâtre. On y trouva des peintures trop naïves , trop familières , & ſouvent trop ſatyriques. On préféroit, & on préfère encore des traductions des meilleures pièces des autres nations , & quelquefois des pièces originales danoiſes, tragiques & comiques , dont pluſieurs ſont eſtimées des connoiſſeurs.

blioit, tels que *l'hiſtoire parallèle des héros &*
des héroïnes, l'hiſtoire *des Juifs*, l'hiſtoire eccléſiaſ-
tique, *l'hiſtoire de Dannemarc*, &c. Je ne ſais
s'ils réuſſiſſoit auſſi bien à obſerver le coſtume
de cet autre ordre de perſonnes, & il eut fallu
en effet poſſéder un génie bien ſouple & bien
ſécond pour paſſer dans le même jour du ton
de la farce à celui de l'hiſtoire, & pour faire
parler avec la même propriété Arlequin & Char-
lemagne. Il m'a paru que dans les ouvrages de
ce dernier genre l'habitude du ſtyle familier ſe
faiſoit trop ſentir. Je ne connois guères, à la
vérité, du moins par une lecture attentive, que
l'hiſtoire de Dannemarc de cet auteur. Mais j'ai
tout lieu de croire que ſes autres productions
hiſtoriques ſont écrites de la même manière. Ce
grand ouvrage eſt très-eſtimable cependant à
bien des égards. C'eſt la première hiſtoire complète de Dannemarc qui ait été écrite dans une
langue moderne. L'auteur a profité des recherches de ceux qui l'avoient précédé dans cette
carrière; il en a fait quelques-unes lui-même;
il narre avec facilité; il entre dans tous les
détails, & ſurtout dans ceux qu'il croit utiles,
ou intéreſſans ou plaiſans, car ſon goût pour la
plaiſanterie perce partout, & quelquefois quand
on ne doit point s'y attendre. Ce qu'il faut

furtout louër dans cet ouvrage c'eſt le bon ſens qui en a dicté les réflexions. Ce ne ſont ni des paradoxes brillans, ni des ſentences à prétention, ni des portraits tout enluminés d'antithèſes, de penſées ſubtiles, d'expreſſions recherchées, ce ſont des maximes utiles & ſages qu'on trouve ailleurs, à la vérité, mais que le ſujet amène & fait valoir, & que tout bon eſprit eſt difpoſé à adopter. En général on croit entendre un vieillard qui a beaucoup de ſens & d'expérience, & qui raconte un peu longuement & familiére‑ment à ſes enfans ce qui s'eſt paſſé dans ſa jeu‑neſſe. Mais puifqu'il eſt ſi rare de ne pas tomber dans un excès ou un autre, ne préférez‑vous pas, *Monſieur*, comme moi, cette manière à celle de ces hiſtoriens de nos jours qui dans la crainte de ne pas faire aſſez de ſenſation ne ſauroient parler de rien ſans emphaſe, ſans exa‑gérations, ſans exclamations, & qui laiſſent voir au travers de tout cet apparat que leur but principal a été de faire penfer à eux, & de faire admirer leur éloquence & leur philoſophie.

Des ouvrages ſi longs & ſi pénibles n'épui‑foient pas la fécondité de M. de Holberg. Il ſe délaſſoit de la compoſition d'un livre férieux par celle d'un ouvrage plaiſant & ſatyrique. C'eſt dans cet eſprit qu'il fit, par exemple, ſon

Voyage de Klimius dans un monde souterrain, espèce d'allégorie qui cache une satyre des principales nations de l'Europe. On croit voir que l'auteur Norvégien avoit pris Swift pour modèle, mais l'auteur Anglois a laissé bien loin derrière lui tous ses imitateurs. On lit encore Gulliver & le conte du Tonneau, & Klimius qui fit d'abord une sorte de fortune, & fut traduit en sept langues est aujourd'hui presque oublié. L'auteur a répandu plus de sel peut-être dans d'autres ouvrages du même genre, ou du moins on y en trouve en plus grande quantité relativement à la masse ; je veux parler de ses *métamorphoses*, de son *recueil d'épigrammes*, de sa *guerre de Jutlande*, de sa *lettre au célèbre Burmann*, & surtout de sa *lettre à un homme illustre* dont je vous ai déjà parlé, & dans laquelle j'ai puisé la plus grande partie des détails de sa vie.

J'ajouterai à cette liste de ses ouvrages, sans cependant prétendre la rendre complète, les titres suivans. *Pensées morales sur divers sujets*, 4 volumes *in-8°*. Elles ont été traduites en mauvais françois. *Epitres familières sur divers sujets*, 4 vol. *in-8°*. *Description de la ville de Bergue en Norvège*, un vol. ; un *Recueil de dissertations latines*, un vol. 4°. *Abrégé d'histoire universelle & de géographie*, un vol. *in-8°*. *Histoire d'Héro-*

dien, un vol. 4°. *Fables morales*, un vol. *Etat politique de Dannemarc & de Norvège*, un vol. *in*-4°. Il y a dans ce dernier ouvrage beaucoup de recherches utiles. Il eſt d'ailleurs écrit avec ce grand ſens qui caractériſe M. de Holberg, & ſouvent avec une liberté qu'il n'eſt pas ordinaire de trouver dans les livres de ce genre. Les deux derniers ouvrages de l'auteur ſont des *Conjectures ſur les cauſes de la grandeur & de la décadence des Romains*, & des *Lettres ſur l'eſprit des loix*. Ce ſont des réfutations de quelques-unes des idées de M. de Monteſquieu, & le déſir qu'avoit M. de Holberg que ces ouvrages fuſſent connus de cet homme célèbre, le détermina à les écrire en françois. Quoiqu'il eut appris cette langue avec ſoin, il ſentit qu'il pouvoit lui échapper quelque expreſſion incorrecte, & cette crainte me valut le plaiſir de le voir quelquefois. Mais quelque ſoin que je priſſe de cultiver une liaiſon auſſi honorable pour moi, elle fut bientôt interrompue par un incident que je ne pouvois guères prévoir. Le premier de ces ouvrages commençoit par ces mots: *Les bas commencemens de l'empire romain*, &c. Je crus devoir ſubſtituer, conformément à la commiſſion dont il m'avoit chargé, *Les foibles commencemens*, &c. Cette correction lui déplut,

& lui donna une mauvaife idée de ma critique. ————

Il m'écrivit que puifqu'on difoit en latin *Infima principia*, *&c.* on devoit dire, *les bas commencemens* en françois; & il ne voulut pas me revoir, enforte que cette expreffion refta dans fon ouvrage, & ces *commencemens bas ou foibles* furent la fin de nos liaifons.

M. de Holberg étoit alors fort âgé, & ces deux derniers livres prouvent que fon' efprit avoit perdu de fa force. Il prétend dans le premier que la feule caufe de la grandeur des Romains eft l'enthoufiafme patriotique que leurs premiers légiflateurs avoient fu leur infpirer, & il les compare à cet égard aux fucceffeurs de Mahomet. Dans le fecond, il combat, comme tant d'autres écrivains, l'opinion de Montefquieu fur *les principes des divers gouvernemens*. Il foutient furtout avec chaleur que la vertu eft auffi bien le principe & le reffort des monarchies que des républiques. Comme tant d'autres écrivains auffi, il paroît n'avoir pas bien faifi la penfée de Montefquieu qui eft fans doute trèsjufte, mais qui, fi j'ofe le dire, n'eft pas rendue dans l'efprit des loix avec la clarté & la précifion défirables. M. de Montefquieu étoit fans doute bien éloigné de penfer que la vertu ne fut pas bonne & utile dans tous les gouvernemens;

mais M. de Holberg devoit convenir qu'une monarchie où le fentiment de l'honneur n'exifteroit plus cefferoit bientôt d'être une monarchie, comme une république fans vertu, & un état defpotique privé de l'appui de la crainte font néceffairement menacés de leur ruine, ou du moins d'une prochaine révolution.

Un fi grand nombre d'ouvrages dont plufieurs font très-volumineux, (& peut-être en ai-je omis quelques-uns) prouve la grande fécondité du génie de M. de Holberg. Il avoit en effet une facilité très-grande; il étoit de plus très-indulgent pour fes productions & les corrigeoit peu. Enfin il étoit très-laborieux, il paffoit prefque toute fa vie dans fon cabinet, & les divers fruits qu'il recueilloit de fon travail l'excitoient encore à s'y confacrer tout entier. Il retiroit en effet un profit confidérable de la vente de fes livres qui fe faifoit pour fon compte ; élevé dans l'indigence dont il avoit tant de fois éprouvé tout le malheur, il étoit plus excufable qu'un autre de la redouter, & quand cette crainte ne put plus l'affecter, il travailla à augmenter fa fortune par un autre motif qui rendroit refpectable une avidité plus grande encore que celle qu'on lui a reprochée. Ce motif étoit le défir de confacrer fes richeffes

à

à quelque objet d'utilité publique , & vous ver-
rez bientôt , *Monfieur* , qu'il exécuta un fi beau
deffein. Une preuve que c'étoit là en effet ce
qui l'engageoit à fe donner tant de peine pour
augmenter fa fortune , c'eft que quand il fe vit
dans une fituation aifée , il trouva , à ce qu'il
dit lui - même , que tout ce qu'il acquéroit au-
delà , loin d'ajouter à fon bonheur , ne lui occa-
fionnoit que des inquiétudes & des foins
pénibles. Cet aveu d'un homme auffi vrai &
auffi fenfé eft peut-être plus perfuafif & plus
utile que les quatre volumes de fes *Penfées
morales.* Sa fortune lui fervit cependant à hâter
le moment où il devoit jouir d'un honneur
qu'il avoit beaucoup défiré , & qui étant dans fa
façon de penfer la récompenfe des talens & du
patriotifme ne pouvoit pas lui être refufé par
un prince tel que Frédéric V qui venoit de
monter fur le trône. Quoiqu'il fe fût nourri
toute fa vie des plus belles leçons de la philofophie fur la vanité du fafte & des honneurs ;
quoiqu'il eût fouvent tourné en ridicule dans
fes ouvrages comiques la paffion des titres ;
quoiqu'il eût répété ces leçons fur un ton plus
férieux dans fes ouvrages de morale ; enfin
quoiqu'il n'eût jamais été marié & qu'il tou-
chât à la fin de fa carrière , il follicita & obtint

en 1747 d'être élevé au rang de baron, comme s'il eût voulu prouver contre lui-même, & en faveur de Montefquieu, que le défir des honneurs eft & doit être le fentiment dominant dans les monarchies. Cet honneur auquel font attachées en Dannemarc diverfes prérogatives qui lui donnent une conféquence qu'il n'a pas ordinairement, lui fut furtout accordé en confidération de ce qu'il affuroit la plus grande partie de fa fortune & fa bibliothéque à l'académie de *Sora* en Sélande, que le défaut de fond tenoit depuis long-temps dans une efpèce de langueur.

Ainfi il rendoit aux lettres le bien qu'il en avoit reçu. Il contribuoit par fa fortune, comme il l'avoit fait par fes écrits, à en répandre la lumière dans fon pays, il reconnoiffoit l'honneur qu'on lui avoit fait en l'aggrégeant dans l'ordre de la nobleffe, en fourniffant aux gentils-hommes peu aifés les moyens de recevoir une éducation convenable, car l'académie de Sora eft principalement deftinée à l'éducation de la nobleffe. Il a laiffé à cette académie la baronnie de Holberg créée en fa faveur, & une fomme en argent d'environ 13000 écus danois, deux objets qu'on peut évaluer au moins à 210,000 livres tournois, fans compter fa bibliothéque

qui ainſi que ſa baronnie doivent, ſuivant ſes
dernières diſpoſitions, toujours conſerver ſon
nom. Ce ne fut pas tout. Il légua encore mille
écus à l'univerſité de Copenhague, & un fonds
de 16000 écus danois dont les rentes doivent
être employées à doter de jeunes demoiſelles
choiſies dans d'honnêtes familles bourgeoiſes ;
la plus petite partie de cette riche ſucceſſion
paſſa à ſes parens. Il laiſſa ainſi en tout au-delà
de cent mille écus, ſomme qui doit paroître
prodigieuſe ſi on conſidère qu'il l'avoit acquiſe
uniquement par le plus ingrat de tous les
métiers, qu'il avoit paſſé au moins les vingt
premières années de ſa vie dans une vraie indigence, & qu'il perdit en 1728 par le grand
incendie qui conſuma une partie de Copenhague
tout ce qu'il avoit épargné juſques alors.

On peut dire cependant qu'il fut encore plus
aiſé à M. de Holberg de devenir riche & baron
qu'homme heureux, même en donnant à ce mot
ſi peu fait pour l'humanité le ſens le plus reſ-
treint dont il ſoit ſuſceptible. Lorſqu'il ſemble
qu'il n'avoit plus qu'à dire avec Horace :

. . . . . Nihil amplius oro,
Maja nate, niſi ut propria hæc mihi numera faxis.

Il éprouva comme tous ceux que la pourſuite

de quelque objet a long-temps intéreffé, le malheur de réuffir, & de n'avoir plus rien à défirer. Son humeur s'altéra & devint chagrine & difficile, & bientôt fa fanté déjà affoiblie par de grands travaux fe dérangeant de jour en jour davantage, des infirmités multipliées le conduifirent au tombeau après quelques années de fouffrances. Il mourut à Copenhague le 27 Janvier 1754, âgé d'environ 71 ans.

L'académie de Sora qui lui doit en partie fa renaiffance perpétue avec raifon le fouvenir d'un bienfaiteur généreux & d'un favant illuftre, par l'éloge qu'un des profeffeurs doit faire de lui en public toutes les années; mais les fruits heureux de fes libéralités, l'état floriffant de l'académie qu'il a enrichie, la reconnoiffance des demoifelles qu'il a dotées, les applaudiffemens enfin qu'on donnera probablement encore long-temps à fes pièces de théâtre feront fans-doute encore plus pour fa gloire que cet éloge anniverfaire qui, comme tous ceux de cette efpèce, ne font plus enfin ni lus ni écoutés de perfonne.

Je fuis, &c.

F I N.

TABLE

DES CHAPITRES

Contenus dans ce Volume.

VOYAGE EN DANNEMARC.

LIVRE HUITIÈME.

T iij

TABLE

DES MATIERES

POUR LE VOYAGE EN NORVÈGE.

A.

T iv

C.

D.

E.

F.

G.

H.

M.

N.

S.

U.

V.

Fin des Tables du quatrième & dernier Volume.

9 7 8 2 0 1 4 4 6 7 6 6 6